Günter Heinritz / Grundbesitzstruktur und Bodenmarkt in Zypern

ERLANGER GEOGRAPHISCHE ARBEITEN

Herausgegeben vom
Vorstand der Fränkischen Geographischen Gesellschaft

Sonderband 2

Günter Heinritz

Grundbesitzstruktur und Bodenmarkt in Zypern

Eine sozialgeographische Untersuchung
junger Entwicklungsprozesse

Mit 27 Karten und 16 Bildern

Erlangen 1975

Selbstverlag der Fränkischen Geographischen Gesellschaft
in Kommission bei Palm & Enke

Als Habilitationsschrift auf Empfehlung der Mathematisch-Naturwissenschaftlichen Fakultät der Friedrich-Alexander-Universität Erlangen-Nürnberg gedruckt mit Unterstützung der Deutschen Forschungsgemeinschaft.

ISBN 3 920405 34 X

Der Inhalt dieses Sonderbandes ist nicht in den „Mitteilungen der Fränkischen Geographischen Gesellschaft" erschienen.

Satz: Junge & Sohn (Erlangen) und Pieper (Würzburg)
Gedruckt in der Universitätsbuchdruckerei Junge & Sohn, Erlangen

Vorwort

Die „Zypernkrise" der Jahre von 1955—1960, EOKA-Attentate und Terrorakte, die militärischen Vergeltungsschläge der Engländer und schließlich die blutigen griechisch-türkischen Auseinandersetzungen von 1963/ 1964 hatten lange Zeit das Bild der Insel Zypern im Bewußtsein unserer Öffentlichkeit bestimmt. Unter großen Anstrengungen und mit bewundernswertem Geschick hatten es die Zyprer seit Ende der sechziger Jahre verstanden, die Erinnerungen an all diese Ereignisse zurückzudrängen und sich dem mittel- und westeuropäischen Publikum statt als „Pulverfaß" mehr und mehr als „Ferienparadies" im östlichen Mittelmeer zu präsentieren.

So sprach Anfang 1970 vieles dafür, die Insel als Untersuchungsgebiet für eine sozialgeographische Studie zum Thema „Aufbau und Entwicklung des Tourismus in Entwicklungsländern" auszuwählen. Freilich schien mir dann Zypern während meiner ersten Reise vom September bis Dezember 1971 in vieler Hinsicht keineswegs mehr ein Entwicklungsland zu sein. Den Neuankömmling beeindruckte vielmehr die Fülle der Fortschritte, die das Land im ersten Jahrzehnt seiner staatlichen Selbständigkeit erreicht hatte.

Erst bei näherer Bekanntschaft mit der Insel wurde klar, daß Zypern den Weg von einem agrargesellschaftlich geprägten „Entwicklungsland" zu einem wohlhabenden, modernen und „entwickelten" Land im europäisch-westlichen Sinn noch lange nicht zu Ende gebracht hat. Die rapide Ausdehnung von Bewässerungsflächen, das Vorkommen von partiellen Wüstungen im Landesinneren, das unübersehbare Auftreten von Spekulationsbrache und andere physiognomisch wahrnehmbare Indizien für Bodenspekulation weisen darauf hin, daß Grundbesitzstruktur und Bodenmarkt vom Prozeß der „Entwicklung" des Landes besonders betroffen sind.

Der Untersuchung von Grundbesitzstruktur und Bodenmarkt galten deshalb zwei weitere Reisen, die mich im Februar/März 1972 und von Januar bis April 1973 erneut nach Zypern brachten.

Daß sich meine Pläne verwirklichen ließen, habe ich vielen Personen und Institutionen zu danken, an erster Stelle Herrn Prof. Dr. E. Wirth als Vorstand des Geographischen Instituts der Universität Erlangen-Nürnberg. Ihm bin ich nicht nur dafür dankbar, daß er mich in großzügiger Weise für die insgesamt 8 Monate während Feldarbeit freigestellt hat; er hat den

Fortgang meiner Arbeit mit stetem Interesse verfolgt und mir in vielen Gesprächen durch wertvolle Kritik und Ratschläge sehr geholfen. Dafür vor allem möchte ich ihm an dieser Stelle meinen herzlichen Dank sagen.

Meine Arbeit wäre undurchführbar gewesen ohne die Reisebeihilfen, für die ich sowohl Herrn Prof. Dr. O. Berninger für die Busch-Zantner-Stiftung als auch der Deutschen Forschungsgemeinschaft zu großem Dank verpflichtet bin. Bei der Arbeit in Zypern selbst erfuhr ich durch so viele Behörden, Organisationen und Personen freundliche Unterstützung, daß ihre Aufzählung hier unmöglich erscheint. Genannt seien, stellvertretend für viele, an dieser Stelle nur Frau Dr. G. Stoop-Wirth, die Leiterin des Goethe-Institutes in Nicosia, und ihr Mitarbeiter Herr A. Mehmet; ferner der Vorsitzende der Zyprischen Geographischen Gesellschaft, Herr G. Karouzis, die wissenschaftlichen Mitarbeiter des Department of Town Planning and Housing in Nicosia, insbesondere dort Herr P. Anastasi und Herr K. Demetriades, und schließlich mein Freund A. Pandelides, Rechtsanwalt aus Morphou. Ihnen allen und den griechischen und türkischen Auskunftspersonen, Gesprächspartnern und Helfern in Zypern bin ich in Dankbarkeit verbunden.

Das im Januar 1974 abgeschlossene und von der Naturwissenschaftlichen Fakultät der Friedrich-Alexander-Universität Erlangen-Nürnberg als Habilitationsschrift angenommene Manuskript wurde dankenswerterweise von der Fränkischen Geographischen Gesellschaft für die Drucklegung in den „Erlanger Geographischen Arbeiten" vorgesehen.

Sehr dankbar bin ich Herrn F. Linnenberg für die redaktionelle Betreuung der Arbeit, Herrn R. Rössler für die Reinzeichnung der Karten und Frau Dr. A. Brüss für das Lesen der Korrektur. Besonderen Dank aber schulde ich der Deutschen Forschungsgemeinschaft, die durch einen großzügigen Zuschuß die Finanzierung der Druckkosten erst ermöglicht hat.

Mit Sicherheit haben der Putsch griechischer Offiziere gegen Präsident Makarios im Juli 1974 und die von ihm ausgelöste Kette von Ereignissen Zypern in seiner Entwicklung empfindlich zurückgeworfen. Ohne Zweifel erfuhren dabei gerade auch die Grundbesitzstruktur und der Bodenmarkt, gewaltsam und abrupt, weitreichende Veränderungen. Wie tiefgreifend und wie dauerhaft sie sein werden, ist derzeit noch nicht abzusehen; doch ist anzunehmen, daß die vorliegende Arbeit dadurch in manchem — früher als gemeinhin üblich — dokumentarischen Wert erhält. Ebensowenig zweifelhaft scheint es mir allerdings, daß die in ihr untersuchten und dargestellten Entwicklungstendenzen und -kräfte auch in den kommenden Jahren fortwirken werden.

Günter Heinritz

Inhaltsverzeichnis

 |Seite
---|---
Vorwort | 5
Inhaltsverzeichnis | 7
Verzeichnis der Abbildungen und Kartenbeilagen | 9
Verzeichnis der Tabellen | 10
I. Einführung | 11
  A. Geschichtlicher Hintergrund | 11
  B. Erfolge und Probleme im Bereich der Agrarwirtschaft | 16
    1. Bedeutung und Entwicklungsstand der Landwirtschaft | 16
    2. Ausweitung der Bewässerungsanbauflächen | 19
    3. Anbau auf dem Bewässerungsland | 21
II. Die Landbesitzstruktur | 24
  A. Der private Grundbesitz | 24
    1. Vorbemerkungen zu Problemstellung und Materiallage | 24
    2. Die Entwicklung des privaten Grundbesitzes | 26
    3. Besonderheiten der heutigen Struktur: „dual" und „multiple" ownership | 27
    4. Flurzersplitterung | 32
    5. Soziale Differenzierung der Grundbesitzer | 34
  B. Grundbesitzverhältnisse und Landnutzung in ausgewählten Beispielsgemeinden | 40
    1. Vorbemerkungen zu Methode und Auswahl der Beispielsgemeinden | 40
    2. Besitzstruktur und Anbauverhältnisse | 41
    3. Bewirtschaftung der Flächen am Beispiel von Masari | 46
      a) Veränderungen im Anbau | 46
      b) Umwandlung von Ödland in Zitrus-Anbauflächen | 47
      c) Organisation der Bewässerung | 48
      d) Organisation der Feldarbeiten | 60
  C. Formen der Bewirtschaftung von Grundbesitz | 63
    1. Selbstbewirtschaftung: Eigenarbeit, Vertragsarbeit und „management farming" | 63
    2. Teilpacht, Pacht und geduldete Nutzung durch Dritte | 64
    3. Nichtnutzung: Wüstung und Sozialbrache | 66
    4. Die Bedeutung der Vertragsarbeit | 67
    5. Non-farmer als Landbewirtschafter | 68

	Seite
III. Der Bodenmarkt	69
A. Fragestellung und Materiallage	69
B. Landverkäufe 1965 bis 1972	74
C. Die Entwicklung der Bodenpreise	77
1. Bodenpreise für landwirtschaftlich genutzte Flächen	77
2. Bodenpreise am nichtagraren Bodenmarkt	78
a) Bauland für den Wohnungsbau	78
b) Industriegelände	79
c) „tourist areas"	80
D. Veränderungen in der Grundbesitzstruktur	84
1. Die Verkäufer	84
a) Kapitalschwache Verkäufer	84
b) Kapitalstarke Verkäufer	85
c) Kirche und Klöster	86
d) Abwanderer	87
Exkurs: Die Auswirkungen des griechisch-türkischen Konfliktes auf Bevölkerungsverteilung und Bodenmarkt	87
2. Die Käufer	91
a) Private und gewerbliche Spekulanten	91
b) Emigranten und Ausländer	92
c) Ökonomische und nicht-ökonomische Motive bei Grundstückskäufen	93
d) Das „dowry-system"	95
E. Bau-, Planungs- und Steuergesetzgebung als Rahmenbedingung für das Geschehen am Bodenmarkt	96
F. Wandlungen des Bodenpreisgefüges und der Bodenmobilität als Begleiterscheinungen von Entwicklungsprozessen	98
IV. Siedlungs- und wirtschaftsgeographische Auswirkungen der Bodenpreisentwicklung	101
A. Allgemeine Folgen der gestiegenen Bodenpreise	101
B. Die Entwicklung der „tourist areas" unter dem Einfluß der Bodenspekulation	102
C. Einflüsse der Baulandpreise auf die Stadtentwicklung	103
1. Ausdehnung städtischer Siedlungsflächen bei abnehmender Bevölkerungsdichte	103
2. Verteuerung der Baukosten und Rückgang des Wachstums der städtischen Bevölkerung	106
3. Neue Wohnformen: Eigentums- und Mietwohnungen	109
4. Viertelsbildung und soziale Segregation	110
D. Die Lokalisation von Gewerbe- und Industriebetrieben	111
V. Zusammenfassung	113
Summary	117
Συγκεφαλαίωσις	121
Literaturverzeichnis	126

Verzeichnis der Abbildungen und Kartenbeilagen

Abbildungen

1. Dual und Multiple Ownership: Akrounda
2. Dual und Multiple Ownership: Masari
3. Anteil der Familien ohne bzw. mit geringem Grundbesitz
4. Anteil der Familien mit Haupterwerb in der Landwirtschaft
5. Wohnort der Grundstücksbesitzer: Masari
6. Wohnort der Grundstücksbesitzer: Ayia Napa
7. Wohnort der Grundstücksbesitzer: Salamiou
8. Wohnort der Grundstücksbesitzer: Akrounda
9. Beruf der Grundstücksbesitzer: Masari
10. Beruf der Grundstücksbesitzer: Ayia Napa
11. Beruf der Grundstücksbesitzer: Salamiou
12. Landnutzung 1973: Masari
13. Landnutzung 1973: Ayia Napa
14. Landnutzung 1973: Salamiou
15. Landnutzung 1973: Akrounda
16. Landnutzung 1967: Masari
17. Besorgung der Feldarbeiten: Masari
18. Besorgung der Feldarbeiten: Ayia Napa
19. Besorgung der Feldarbeiten: Salamiou
20. Grundstückserwerb: Masari
21. Grundstückserwerb: Ayia Napa
22. Grundstückserwerb: Salamiou
23. Kaufpreissummen
24. Land Developing an der Ostküste
25. Baubestand: Nicosia
26. Baualter: Nicosia

Kartenbeilagen

1. Bewässerungsflächen in Zypern
2. Türkische Siedlungen 1961 und 1973

Verzeichnis der Tabellen

1. Daten zum Lebensstandard in Zypern 1960 und 1971
2. Bevölkerungsentwicklung der Städte Zyperns 1946 bis 1969
3. Entwicklung und Struktur des Bewässerungsanbaues in Zypern
4. Produktionsergebnisse im Bewässerungsanbau 1969
5. Fortschreiten der Flurzersplitterung in Anayia
6. Vollbeschäftigte landwirtschaftliche Arbeitskräfte im griechischen Bevölkerungsanteil 1970
7. Der Bodenmarkt in Zypern 1965, 1969 und 1972
8. Grundstückskäufe von 1963 bis 1973 im Kartierungsgebiet Ayia Napa
9 a. Die Verteilung der Türken 1960
9 b. Türkische Flüchtlinge 1963/64 und 1970

I. Einführung

A. Geschichtlicher Hintergrund

Zypern kam nach drei Jahrhunderten Zugehörigkeit zum Osmanischen Reich 1878 unter englische Verwaltung. Seit 1926 hatte es dann auch formell den Status einer britischen Kronkolonie. Zu einer Zeit, in der die Auflösung des englischen Kolonialreiches schon nahezu abgeschlossen war, setzte der damalige Premier Sir Anthony Eden noch dem griechisch-zyprischen Wunsch nach Selbstbestimmung ein brüskes „never" entgegen, das in seiner Absolutheit die Griechen damals ungeheuer provozierte. An Stelle der Petitionen und Abordnungen nach London trat nun der Befreiungskampf auf Zypern. Er wurde seit 1955 durch die unter dem Befehl des Oberst Grivas stehenden Kämpfer der EOKA mit massiver finanzieller Unterstützung durch die griechisch-orthodoxe Kirche Zyperns geführt. England versuchte, sich der Forderung der griechischen Bevölkerung auf Zypern nach Vereinigung mit Griechenland („Enosis") dadurch zu entziehen, daß es nachdrücklich auf die türkischen Interessen hinwies und so neben Griechenland als dritte Macht auch die Türkei ins Spiel brachte.

Die dadurch ausgelösten griechisch-türkischen Spannungen veranlaßten die um ihre Südost-Flanke besorgte NATO, insbesondere die USA, auf England Druck auszuüben, um die Beilegung der „Zypern-Krise" zu erreichen. England mußte nun zwar zur Einsicht kommen, daß Zypern als Kolonie nicht mehr zu halten sei; dennoch führten seine militärischen Interessen dazu, daß die Beilegung der Krise nur durch einen überaus komplizierten Kompromiß möglich war. Er brachte der Insel nicht den angestrebten Anschluß an Griechenland, sondern die staatliche Selbständigkeit. Nur zwei britische Militärstützpunkte blieben der Souveränität des neuen Staates entzogen.

Diese Souveränität wurde jedoch durch andere Bestimmungen der Londoner Verträge, welche die Zypernkrise beenden sollten, weit empfindlicher eingeschränkt. So sah das Vertragswerk vor, daß den Signatarmächten England, Griechenland und der Türkei die Stationierung von Truppen auf der Insel gestattet und ein relativ unpräzis definiertes militärisches Interventionsrecht in Zypern eingeräumt wurde. Auch die dem Land durch die Verträge vorgeschriebene Verfassung, die nicht nur in wichtigen Punkten, sondern auch in zahllosen Einzelheiten ausdrücklich als unveränderbar deklariert war, mußte in der politischen Praxis unweigerlich zu ständigen Reibereien und Konflikten zwischen dem türkischen und dem griechischen Bevölkerungsteil auf der Insel führen.

Solche Konflikte stellten sich in der Tat auch bald ein und eskalierten schließlich 1963/64 in bewaffneten Auseinandersetzungen zwischen beiden Bevölkerungsgruppen, die nur durch die Entsendung von — bis heute in Zypern stationierten — UN-Truppen zu beenden waren. Nach dem Rückzug ihrer Minister aus dem Kabinett begann die türkische Seite mit dem Aufbau einer eigenen, der Kontrolle der nur mehr von Griechen gestellten Regierung entzogenen Verwaltung. Die „turkish administration" unternahm große Anstrengungen, um die über die ganze Insel verteilte türkische Bevölkerung in gewissen Gebieten zu konzentrieren und Griechen den Zutritt in diese exklaveähnlichen Gebiete zu verwehren.

Die aus der türkischen Isolationspolitik resultierenden Abnormalitäten als wichtigstes Ergebnis des — bei Abschluß der Londoner Verträge (1960) vorhersehbaren — Verfassungskonfliktes und die weiterhin bestehenden außenpolitischen Abhängigkeiten tragen sicher nicht zur Stärkung der Position der Regierung in Nicosia bei. Darüber hinaus schwächen noch weitere Nebenwirkungen des EOKA-Kampfes den Handlungsspielraum und das Durchsetzungsvermögen der Regierung. So ist es nicht unerheblich, daß in der Verfassung z. B. ausdrücklich festgehalten ist, daß die religiösen Körperschaften, d. h. vor allem die nicht unvermögende griechisch-orthodoxe Kirche Zyperns, absolut steuerfrei sind und ihr gesamter Grundbesitz weder enteignet noch gegen ihren Willen — auch nicht gegen Entschädigung — verstaatlicht werden darf. Nicht so klar greifbar, zweifellos aber von nicht zu unterschätzender Bedeutung ist als Erbe des Unabhängigkeitskampfes schließlich das persönliche Prestige der Helden jener Zeit geblieben. Die gegen die Regierung von Erzbischof Makarios III. gerichteten Aktivitäten, wie sie seit 1972 General Grivas auf der Insel gesteuert hat, wären z. B. ohne dieses Prestige des Generals nicht realisierbar gewesen.

Die griechisch-zyprische Regierung ist also, so läßt sich zusammenfassen, in ihren politischen Möglichkeiten und in ihrer Durchsetzungskraft in mancherlei Hinsicht Einschränkungen unterworfen. Dementsprechend groß ist andererseits der Handlungsspielraum für einzelne Gruppen bzw. der Einfluß privater Interessen auf die Entwicklung des Landes.

Auf den ersten Blick scheint dem Lande aus der Stärke der privaten und der Schwäche der staatlichen Position kein Nachteil erwachsen zu sein. Überblickt man die Fortschritte und Wandlungen, die Zypern in den 12 Jahren seit Erreichung seiner Unabhängigkeit erfahren hat, ist das Ergebnis vor allem in wirtschaftlicher Hinsicht beeindruckend. Das gilt bezüglich des bis heute erreichten Standes an infrastruktureller Ausstattung ebenso wie hinsichtlich des Lebensstandards seiner Bevölkerung. Mit einem durchschnittlichen Pro-Kopf-Einkommen im Jahr 1970 von Z£ 356,— hebt sich Zypern von allen Staaten im östlichen Mittelmeerraum — Israel ausgenommen — deutlich positiv ab. Die in Tabelle 1 zusammengestellten Daten zum Lebensstandard in Zypern zeigen, welch relativ hohes Niveau die Insel im Jahr 1971 erreicht hat.

Tab. 1: Daten zum Lebensstandard in Zypern 1960 und 1971

	1960	1966	1971
1. Gesundheitswesen			
Durchschnittliche Lebenserwartung bei Geburt in Jahren	66,2	70,5	72,8
Säuglingssterblichkeit (Zahl pro 1 000 Lebendgeburten)	29,9	26,4	25,3
Einwohner pro Arzt	1 467	1 317	1 179
2. Erziehungswesen			
Anteil der Schüler in „Secondary Schools" (bezogen auf alle Kinder im schulpflichtigen Alter)	48 %	54 %	72 %
Zahl der Studenten (Third Level) pro 1 000 Einwohner	—	10,6	17,9
3. Wohnverhältnisse			
Durchschnittliche Personenzahl pro Wohnraum			
in den Städten	1,21	—	0,84
auf dem Lande	1,36	—	1,02
Anteil der Wohnungen mit Bad			
in den Städten	53,1 %	—	76,0 %
auf dem Lande	10,5 %	—	23,7 %
Anteil der Wohnungen mit WC			
in den Städten	52,6 %	—	85,6 %
auf dem Lande	5,2 %	—	29,0 %
4. Sonstige Indikatoren			
Zahl der Personen pro Radiogerät	10,0	4,3	3,7
Zahl der Personen pro Fernsehgerät	625,0	28,7	11,0
Zahl der Personen pro Telefon	52,6	19,8	13,1

Quelle: *Address before the House of Representatives on the 1973 Budget and the Third Five-Year Plan, Nicosia 1973.*

Eindrucksvoll ist dabei vor allem der Vergleich der Werte für 1971 mit den entsprechenden Daten für die Jahre 1960 und 1967. Dabei zeigt sich erst die beachtliche Entwicklung, die das Land seit seiner Unabhängigkeit erfahren hat. Wenn wir bei der Interpretation der Tabelle von Entwicklung sprechen, so sollten wir uns allerdings darüber im klaren sein, daß wir es dabei nicht mit einem spezifisch geographischen terminus technicus zu tun haben. So viele Geographen sich über Probleme der Entwicklungsländer auch geäußert haben, nirgends findet sich eine präzise Formulierung dessen, was im geographischen Sinn unter „Entwicklung" eines „Entwicklungslandes" eigentlich zu verstehen sei. Den Begriff „Entwicklungsland" hat die Geographie vielmehr als einen von Politikern geprägten euphorischen Ersatz für „unterentwickelte Länder" übernommen. Als „underdeveloped countries", so z. B. im „Point-Four-Program" des amerikanischen Präsidenten Harry Truman von 1949, galten anfänglich solche Länder, in denen Massenelend, Hunger, Krankheit und Ausbeutung herrschen (s. a. den UN-Bericht: Measures for the Economic Development of Underdeveloped Countries, New York 1951).

Was den Terminus „Entwicklung" selbst angeht, so dürfen wir nicht vergessen, daß er den Arbeiten von Historikern aus der Mitte des 18. Jahrhunderts entstammt. ERHARD EPPLER (1971, S. 13) hat zu Recht darauf hingewiesen, daß hinter diesem Begriff eine ganz spezifische Geschichtsauffassung steht, die der Aufklärung, der Romantik und dem Liberalismus gleichermaßen verpflichtet ist: „Entwicklung birgt in sich die Vorstellung des Natürlichen, Organischen, Notwendigen, Vernünftigen, wohl auch des Fortschritts, der Entfaltung aus eigenem Ansatz." So steckt auch im Begriff „Entwicklungsländer" „mehr an Ideologie, als wir uns eingestehen" (E. EPPLER 1971, S. 14).

Eine kritische Durchsicht der geographischen Entwicklungsländerliteratur zeigt sehr schnell, daß in der Regel nur solche Strukturänderungen und Wandlungen als „Entwicklung" angesprochen werden, die vom Autor als Fortschritt, also positiv gewertet werden. Allzuoft wird übersehen, daß die Maßstäbe, nach denen eine solche Wertung vorgenommen wird, mit wissenschaftlichen Mitteln nicht mehr zu erarbeiten sind.

Bei der Darstellung sozialgeographischer Prozesse, die in einem Land der Dritten Welt zu Wandlungen führen, werden und sollen sich Geographen einer Wertung deshalb nicht enthalten müssen. Diese muß nur von der eigentlichen Darstellung des Prozesses so klar wie möglich abgesetzt sein und darf nicht auf assoziativem Wege mitgeliefert werden. Der Terminus „Entwicklung" muß um so notwendiger wertneutral verwandt werden, als sich gerade bei raumrelevanten Prozessen, wie der Inwertsetzung bzw. der Umwertung von Räumen in den jungen Staaten, fast immer sehr beträchtliche Zielkonflikte zwischen privaten und öffentlichen Interessen beobachten lassen, wobei die Auffassungen darüber, was unter „öffentlichem Interesse" verstanden werden soll, bei den verschiedenen politischen Gruppierungen weit auseinandergehen können. Je nach Standort des Autors muß das zu sehr unterschiedlichen Bewertungen solcher Vorgänge führen.

Gerade in Zypern bieten sich zahlreiche Beispiele dafür, wie private Wünsche nach maximalem individuellen Profit sich nicht vereinbaren lassen mit einer Nutzung der Ressourcen des Landes, wie sie vom Standpunkt des Gemeinwohls her optimal gestaltet werden müßten. So wurde etwa die enorme Ausweitung des Bewässerungsanbaues in Zypern, insbesondere der Zitruskulturen von 4 000 ha (1960) auf 14 000 ha (1970), ausschließlich von privatwirtschaftlicher Initiative, d. h. von individuellem Profitstreben, getragen. Das schlägt sich in der Agrarstatistik des Landes als eindrucksvolle Steigerung der agrarischen Produktion bzw. Wertschöpfung und damit als wichtiger Beitrag zur Entwicklung Zyperns nieder. Doch steht die Ausweitung des Bewässerungsanbaus keineswegs im Einklang mit dem physisch-geographischen, vor allem dem hydrologischen Potential des Landes. Sie hat vielmehr zu einer schweren Überbeanspruchung der vorhandenen Grundwasserkörper geführt, welche die Gefahr des Zusammenbruches der gesamten Bewässerungslandwirtschaft in Zypern heraufbeschwört. Unter diesem Aspekt ist also eine positive Wertung des Wachstums der Bewässerungsflächen keineswegs möglich.

Der Regierung Zyperns als der berufenen Sachwalterin des öffentlichen Interesses ist der durch privates Profitstreben verursachte Raubbau keineswegs verborgen geblieben; dennoch war sie bislang zu erfolgreichen Gegen- oder Steuerungsmaßnahmen nicht in der Lage. Selbstverständlich kann die sehr liberalistische, privaten Kapitalinteressen entgegenkommende Politik der Regierung von Erzbischof Makarios nicht nur als Folge der schwachen Position dieser Regierung interpretiert werden, die wir in ihrer historischen Bedingtheit einleitend zu skizzieren bemüht waren. Sie spiegelt ebenso sehr noch weit früher angelegte Eigenheiten von Sozialstruktur und Mentalität der griechischen Bevölkerung Zyperns wider, die im Detail zu untersuchen und darzustellen hier nicht der Ort sein kann. Daß diese Politik und das geringe Durchsetzungsvermögen der Regierung aber als Rahmenbedingungen für Entwicklungsprozesse in Zypern von außerordentlicher Wichtigkeit sind, darauf wird im Laufe der vorliegenden Arbeit immer wieder hinzuweisen sein, selbst bei vergleichsweise untergeordneten Dingen. Je stärker staatliche Eingriffe private Interessen tangieren, umso deutlicher zeigt sich das geringe Durchsetzungsvermögen der Regierung als der Sachwalterin des öffentlichen Interesses. So benötigte es z. B. viele Monate, um die unbedingt notwendige Anpassung an den internationalen Standard durch eine Neuklassifizierung der Hotelbetriebe zu erreichen, obwohl dies zweifellos ein wichtiger Beitrag zur Förderung der rein privatwirtschaftlich organisierten Tourismus-Industrie der Insel war. Nicht weniger wichtig wäre eine Kontrolle über die bauliche Entwicklung in den stürmisch wachsenden touristischen Zentren; doch bleiben hier entsprechende Bemühungen der Regierungsstellen fast ebenso wirkungslos wie bei dem Versuch, die Ausbeutung der Grundwasservorkommen durch private Bohrungen einzuschränken oder unter Kontrolle zu bringen.

Die schwache Stellung der Regierung gegenüber privaten Interessen wird besonders im Zusammenhang mit der agraren wie nichtagraren Bodennutzung augenfällig. Infolge mangelnder bzw. unzureichender gesetzlicher Grundlagen bleibt sie nämlich fast völlig dem „freien Spiel der Kräfte" überlassen, was gleichbedeutend ist mit einer rapiden Ausbreitung der Landspekulation, deren Folgen überall in Zypern in Erscheinung treten. Doch bevor wir uns der näheren Untersuchung von Landbesitzstruktur und Bodenmarkt zuwenden, soll zunächst noch ein Überblick über den derzeitigen Entwicklungsstand der Landwirtschaft auf der Insel gegeben werden.

B. Erfolge und Probleme im Bereich der Agrarwirtschaft

1. *Bedeutung und Entwicklungsstand der Landwirtschaft*

Zypern war bis zum Ende des Zweiten Weltkrieges ein überwiegend agrarisch strukturiertes Land. Der Zensus von 1946 weist aus, daß damals noch knapp 50 % der Einwohner über 14 Jahre in der Landwirtschaft beschäftigt waren. Dem entsprach auch die Verteilung dieser Bevölkerung, die zum Zeitpunkt des Zensus 450 000 Einwohner zählte. Nur knapp 25 % von ihr lebten in Städten. Größte Stadt der Insel war Nicosia mit 53 000 Einwohnern (einschließlich der „suburbs"), es folgten Limassol (23 000 E.), Famagusta (16 000 E.) und Larnaca (15 000 E.); Paphos und Kyrenia zählten gar nur 6 000 bzw. 3 000 Einwohner. Der größte Teil der Bevölkerung lebte auf dem Lande, vornehmlich in Dörfern zwischen 500 und 1 000 Einwohnern.

In den folgenden 25 Jahren haben, wie Tabelle 2 zeigt, die Einwohnerzahlen der Städte Zyperns zwar erheblich zugenommen; doch bleiben die jährlichen Wachstumsraten weit hinter den aus vielen anderen Entwicklungsländern bekannten Werten zurück (gleiches gilt auch von der Geburtenrate bzw. dem jährlichen natürlichen Bevölkerungszuwachs). Besonders bemerkenswert ist dabei, daß sich von der Mitte der sechziger Jahre an das Wachstum der städtischen Bevölkerung noch verlangsamte. Wir werden darauf später noch zurückzukommen haben; hier sei vorerst nur festgehalten, daß auch 1971 noch die Mehrheit der Bevölkerung Zyperns auf dem Lande lebt und, der amtlichen Statistik zufolge, von den 245 000 Erwerbspersonen nicht weniger als 40 % (96 000) in der Landwirtschaft beschäftigt sind.

Es ist daher nur konsequent, wenn in den Planungen der Regierung die Landwirtschaft im Vordergrund steht. So wurden im Rahmen der ersten beiden Fünf-Jahrespläne allein von staatlicher Seite insgesamt mehr als 28 Mill. Z£ für die Entwicklung der Landwirtschaft aufgebracht, was 39 % der tatsächlich ausgegebenen Förderungsmittel entspricht.

Tab. 2: Bevölkerungsentwicklung der Städte Zyperns 1946 bis 1969

	Einwohner			Durchschnittliches jährliches Wachstum (Angaben in Prozent) in den Jahren	
	1946	1960	1969	1946—60	1960—69
Nicosia (einschl. Vororte)	53 324	95 515	111 969	4,3	1,8
Kyrenia	2 916	3 498	3 594	1,3	0,3
Famagusta	16 194	34 774	40 175	5,6	1,6
Larnaca	14 772	19 824	20 537	2,1	0,4
Limassol	22 799	56 180	71 736	6,7	2,7
Paphos	5 803	9 083	10 428	3,3	1,5
Gesamt	115 808	218 874	258 439	4,7	1,85

Quelle: Spalte 1 und 2: Zensus 1946 und 1960; Spalte 3: Schätzung des Department of Town Planning and Housing auf der Grundlage von Wählerverzeichnissen (unveröffentlicht).

Dementsprechend konnte die Landwirtschaft Zyperns allein in der Zeit von 1966 bis 1972 den Wert ihrer Produktion verdoppeln. Sie wurde damit hinsichtlich der Wachstumsraten von den anderen Wirtschaftszweigen, besonders dem Baugewerbe und dem Tourismus, zwar erheblich übertroffen, behauptet ihre Stellung als wichtigster Wirtschaftssektor aber nach wie vor und stellt auch weiterhin den größten Anteil am Export des Landes.

Freilich will eine solch pauschale Feststellung noch nicht viel besagen; der alle Zweige der Landwirtschaft umfassende Wert des Produktionszuwachses verdeckt die eigentlich interessanten Prozesse eher, als daß er sie sichtbar machte. Denn die Steigerung der Produktion betrifft keineswegs alle Zweige der zyprischen Agrarwirtschaft — und damit auch keineswegs alle Regionen Zyperns — gleichmäßig. Sie geht vielmehr vor allem zurück auf die Ausweitung der Bewässerungsanbauflächen einerseits und die Produktivitätssteigerung pro Flächeneinheit des Bewässerungslandes andererseits, wozu Verbesserungen von Bewässerungsmethoden, Düngung, Pflanzenschutz und Sortenwahl gleichermaßen beigetragen haben. Hinzu kommen in geringem Maße auch erste Erfolge bei der Modernisierung der Viehwirtschaft.

Die Erfolgsbilanz der zyprischen Landwirtschaft ist umso erstaunlicher, als die ihr gestellten Prognosen in den Gutachten, die Anfang der sechziger Jahre geschrieben wurden, durchweg nicht allzu optimistisch ausgefallen waren. Zum Teil war die reservierte Beurteilung der Entwicklungsmöglichkeiten für die Landwirtschaft Zyperns begründet mit Hinweisen auf die gegebene Agrarstruktur. In den Berichten der Agrarexperten wurden immer wieder strukturelle Mängel als schwerwiegende Hemmnisse für Fortschritte im Bereich der Landwirtschaft angeführt und angeprangert. Hierher gehören Klagen über das Ausmaß der Flurzersplitterung, über die ungenügende Größe und Form der einzelnen Parzellen, über mangelnde Erschließung der Fluren durch Wirtschaftswege, veraltete Bewässerungsmethoden, ungenügenden Schutz vor Bodenerosion, Fehlen dringend erforderlicher gesetzlicher Regelungen in vielen Bereichen, insbesondere auf dem Gebiet des Pachtwesens, vor allem aber über die unzureichenden Besitz- und Betriebsgrößen.

In den erwähnten Expertenberichten finden sich aber auch umfangreiche Zusammenstellungen von gegebenen physisch-geographischen Bedingungen, die als ernsthafte Behinderungen für die Landwirtschaft Zyperns gewertet werden müssen. Genannt seien hier nur, ohne auf Einzelheiten einzugehen, die starke Hängigkeit vieler Teilräume der Insel, die zahlreichen durch Bodenerosion verursachten Schäden und der hohe Anteil der für jede landwirtschaftliche Nutzung unbrauchbaren Kafkalla-Flächen (Kalkkrusten). Besonders belastet aber ist die Entwicklung durch den bestehenden Wassermangel, demgegenüber alle anderen Probleme in den Hintergrund treten.

2. Ausweitung der Bewässerungsanbauflächen

Wasser ist in der Tat der entscheidende Minimumfaktor für die Landwirtschaft Zyperns. Dabei sind es nicht so sehr die durchschnittlichen jährlichen Niederschlagswerte, die zu niedrig liegen; viel problematischer sind die erheblichen, für semiaride Gebiete charakteristischen Schwankungen der jährlichen Niederschlagsmengen. So kommen im Durchschnitt auf 10 Jahre nur 3 „Normaljahre", während in 4 Jahren die Niederschläge weniger als 50 % des langjährigen Durchschnittes betragen. Verschärft wird das Wasserproblem für die Landwirtschaft dadurch, daß ein erheblicher Teil der Regenfälle binnen kurzer Zeit ungenutzt und ungehindert ins Meer abfließt.

Versuche, abfließende Niederschläge für Bewässerungszwecke zu nutzen, reichen weit in die Vergangenheit zurück. So wurde der größte Teil der von DEMETRIOS CHRISTODOLOU Ende der fünfziger Jahre als Bewässerungsland kartierten Flächen nur in der Regenzeit durch Überflutung von abfließendem Oberflächenwasser bewässert. Von Ende April bis Anfang Dezember aber stand dann für diese Flächen kein Wasser zur Bewässerung mehr zur Verfügung.

Es verwundert deshalb nicht, daß die Erweiterung des ganzjährig bewässerten Landes im Vordergrund aller Entwicklungsplanungen steht. In der Tat hat die ganzjährig bewässerte Fläche in dem Jahrzehnt von 1960 bis 1970 um 14 000 ha, d. h. um 60 %, zugenommen und umfaßte 1971 mit insgesamt 41 600 ha etwa 12 % der gesamten landwirtschaftlichen Nutzfläche Zyperns. Die regionale Verteilung dieses Bewässerungslandes korrespondiert im wesentlichen mit der Verteilung der Grundwasservorräte, da 77 % der Fläche durch Grundwasser und nur 23 % durch Oberflächenwasser bewässert werden (s. Kartenbeilage 1).

Die Ausdehnung der Bewässerungsflächen geht also vor allem auf die Erschließung von Grundwasser zurück. So nahm zwischen 1967 und 1971 die ganzjährig bewässerte Fläche um ca. 4 700 ha zu; davon wurden über 57 % (2 700 ha) mit Grundwasser versorgt. Der Zuwachs der mit Grundwasser bewässerten Anbaufläche beruht vor allem auf privaten Initiativen. Diese wurden zweifellos dadurch gefördert, daß sich zumindest anfänglich die Regierung dazu bereit fand, einen Teil der mit der Bohrung sowie der Installation von Motorpumpen verbundenen Kosten durch verlorene Zuschüsse und zinsgünstige Darlehen zu finanzieren.

Nicht jede private Bohrung ist allein für die Deckung des eigenen Wasserbedarfes bestimmt, oft wird daraus gefördertes Grundwasser auch anderen Grundbesitzern verkauft. Ein solcher Verkauf ist, da Grundwasser als Eigentum des Staates angesehen wird, offiziell genehmigungspflichtig. Dabei wird genau festgelegt, wieviel Wasser auf welches Grundstück zu welchem Preis abgegeben werden darf. Verstöße gegen diese Auflagen können zur Anzeige gebracht werden, in schweren Fällen kann der betreffende Brunnen, sofern er — was nicht selten der Fall ist — auf Staatsland gebohrt wurde, sogar eingezogen werden. Freilich ist die Regierung mangels eines entsprechenden Apparates und wohl auch aufgrund politischer Rücksichten nicht in der Lage, die Einhaltung der Auflagen wirksam zu kontrollieren.

Erschwerend kommt hinzu, daß für die Ahndung von Zuwiderhandlungen gegen die zum Schutze des Grundwassers getroffenen Bestimmungen nicht das „Water Development Department" als Fachbehörde zuständig ist, sondern der dem Innenministerium unterstehende District Officer. So bestehen viele illegal gebohrte Brunnen weiter und werden nicht zugeschüttet, sei es, weil die Gerichte nur milde Strafen verhängen, sei es, weil Verstöße erst gar nicht zur Anzeige kommen.

Vor allem aber ist die Überwachung der Einhaltung der auferlegten Wasserpreise effektiv unmöglich, da private Brunnenbesitzer Wasser zwar nicht ohne Genehmigung verkaufen dürfen, aber andererseits auch nicht zum Verkauf von Wasser gezwungen werden können. Daher werden natürlich überhöhte Preise verlangt und auch bezahlt. Die Regierung versucht, dem durch die Gründung von „water divisions" entgegenzuwirken, und fördert neue Bohrungen nur noch dann, wenn der jeweilige Wasseranteil nicht mehr dem einzelnen Mitglied — wie bei der Irrigation Association — gehört, sondern fest einem bestimmten Grundstück zugeordnet ist.

Heute sind die Grundwasservorräte des Landes zweifellos nicht nur voll genutzt, sondern werden eindeutig überbeansprucht. Die Folge davon ist einmal ein stetes Absinken des Grundwasserspiegels, zum anderen aber auch — da die wichtigen Grundwasserbereiche in Küstennähe liegen — ein ständiges Vordringen der Salzwasser-/Süßwassergrenze landeinwärts. So mußten seit 1967 insgesamt bereits über 1 200 ha Bewässerungsland wieder aufgegeben werden, weil die Grundwasservorräte entweder erschöpft waren oder das zutage gepumpte Wasser zu salzhaltig geworden war (Republic of Cyprus: Irrigation Policy in Cyprus, 1971, S. 4).

Eine weitere Vergrößerung der Bewässerungsanbauflächen ist deshalb nur über eine vermehrte Nutzung von Oberflächenwasser, d. h. über die Anlage von Staudämmen möglich. Solche Anlagen bleiben natürlich der Regierung überlassen, die seit 1960 auch große Anstrengungen unternommen und mit einem Kostenaufwand von vielen Mill. Z£ insgesamt 30 neue Dämme (s. auch Kartenbeilage 1) angelegt hat, die insgesamt 48 Mill. cbm Staukapazität besitzen und für 2 000 bis 3 000 ha Anbaufläche Bewässerungswasser zur Verfügung stellen sollen (Republic of Cyprus: Irrigation Policy in Cyprus, 1971, S. 13).

Allerdings sind die Reliefverhältnisse im niederschlagreichsten Teil Zyperns für die Anlage von Staudämmen ausgesprochen ungünstig, da die schmalen, tief eingeschnittenen Täler meist ein relativ geringes Einzugsgebiet besitzen und oft nur Staubecken mit einem verhältnismäßig geringen Fassungsvermögen zulassen. So stellen die neugebauten Staubecken nur relativ wenig Wasser zur Verfügung; sie liefern zudem ein recht teueres Wasser, mit dem darüber hinaus auch nicht in jedem Jahr absolut sicher zu rechnen ist. Die Folge ist, daß in den durch Oberflächenwasser versorgten Gebieten bewässerungsbedürftige Dauerkulturen nur in sehr begrenztem Umfang angelegt wurden.

3. Anbau auf dem Bewässerungsland

Im Gegensatz zu den von Oberflächenwasser abhängigen Bewässerungsgebieten kam dort, wo mit Grundwasser bewässert werden konnte — etwa in den Räumen Famagusta, Akrotiri und vor allem Morphou —, die Ausdehnung der Bewässerungsfläche fast vollständig der Ausweitung des Zitrus-Anbaues zugute. Allein seit 1960 haben die Zitruskulturen um ca. 10 000 ha, d. h. um 231 %, zugenommen und erreichen heute einen Anteil von 38,5 % am gesamten Bewässerungsland. Damit hat sich, wie Tabelle 3 zeigt, die Struktur des Anbaues auf Bewässerungsland seit 1960 spürbar gewandelt.

Der Agrumenanbau ist besonders im Raum Morphou konzentriert und nimmt hier weit über die Hälfte der gesamten Bewässerungsanbaufläche ein. Mit knapp 7 000 ha befindet sich etwa die Hälfte der gesamten Agrumenbestände Zyperns im Raum Morphou. Wie jung die Entwicklung dieses Anbaugebietes noch ist, belegt die Tatsache, daß 1973 nur 37 % aller Zitrusbäume hier älter als 10 Jahre waren, 48 % der Kulturen zwischen 1963 und 1968 angelegt wurden und die restliche Fläche (15 %) erst nach 1968 bepflanzt worden ist.

Wenn die im Laufe der letzten Jahre neu geschaffenen Zitrusanlagen ihr volles Produktionsalter erreicht haben werden, werden auf Zypern etwa 8 % der gesamten mediterranen Zitrus-Produktion entfallen: 1969 waren 50 % der Bäume noch jünger als 5 Jahre, nur 23 % über 10 Jahre alt, also in voller Produktion. Trotzdem wurden in diesem Jahr schon knapp

Tab. 3: Entwicklung und Struktur des Bewässerungsanbaus in Zypern

	1960	1965	1967	1969
Bewässerte Dauerkulturen (Bäume und Tafeltrauben) in ha	7 986	16 146	18 027	19 599
in Prozent des gesamten Bewässerungslandes	34,4	51,1	46,9	52,7
davon Zitrus in ha	4 320	11 600	13 067	14 332
in Prozent des gesamten Bewässerungslandes	18,6	36,7	34,0	38,5
Bewässerte einjährige Kulturen in ha	15 240	15 454	20 373	17 567
in Prozent des gesamten Bewässerungslandes	65,6	48,9	53,1	47,3
davon Kartoffeln in ha	5 333	.	.	8 667
in Prozent des gesamten Bewässerungslandes	23,0	.	.	23,3
Bewässerungsland insgesamt in ha	23 200	31 600	38 400	37 200
Gesamt-Ackerland in ha	277 900	301 300	311 800	316 900

Quelle: *Irrigation Policy in Cyprus, 1971*.

170 000 tons Zitrus geerntet, die wertmäßig etwa ein Drittel der gesamten Produktion des Bewässerungsanbaues darstellten (Ernte 1971: 256 000 tons; Quelle: Republic of Cyprus: Economic Report, 1971, S. 45).

Ein weiteres Drittel der Bewässerungsflächen Zyperns entfiel auf den Kartoffelanbau (1960 insgesamt 5 333 ha; 1969: 8 667 ha), der räumlich vor allem auf die südöstliche Mesaoria konzentriert ist. Anders als beim Agrumenanbau bleibt der Flächenzuwachs für den Kartoffelanbau mit 66 % zwischen 1960 und 1970 im Rahmen der Vergrößerung des Bewässerungslandes überhaupt. Bemerkenswerter ist schon, daß sich die durchschnittlichen ha-Erträge in diesem Zeitraum verdoppelt haben und 1969 bei 18,5 tons lagen.

Zitrusfrüchte und Kartoffeln sind denn auch die Erzeugnisse, die die Steigerung des Wertes der gesamten landwirtschaftlichen Produktion der Insel hauptsächlich bewirkt haben. Da 90 % der geernteten Agrumen und 78 % der Kartoffeln exportiert werden, schlagen die Erweiterungen ihrer

Anbauflächen und die Steigerung der Flächenproduktivität auch in der Exportstatistik durch: Beide Produkte zusammen haben einen Anteil von annähernd 60 % am Export landwirtschaftlicher Produkte. Agrarerzeugnisse aber stehen noch immer mit ca. 60 % an erster Stelle der Gesamt-Exportstatistik Zyperns.

Ansehnliche Fortschritte während der letzten 12 Jahre haben auch einige andere Produktionseinrichtungen im Bewässerungsanbau erfahren, die allerdings flächen- und wertmäßig vom Zitrus- und Kartoffelanbau klar übertroffen werden. Dazu gehört vor allem der Obstanbau, der in den Gebirgstälern des Troodos bereits auf eine lange Tradition zurückblicken kann. Nachdem die Ausfuhr von getrockneten oder kandierten Früchten in die Länder des Nahen Ostens zum Erliegen gekommen ist, wird heute vorwiegend für den heimischen Markt erzeugt. Die erhebliche Ausweitung der Anbauflächen für Äpfel und Aprikosen, aber auch für Birnen, Pfirsiche, Pflaumen und Kirschen wird nicht zuletzt auch auf die durch die Touristen verursachte Steigerung der Nachfrage nach Tafelobst zurückzuführen sein.

Besonders hohe Zuwachsraten der Anbauflächen und der Flächenproduktivität erreichte der Tafeltraubenanbau. Zyprische Trauben könnten aufgrund der klimatischen Bedingungen mit einem zeitlichen Vorsprung von 3 Wochen auf den europäischen Märkten erscheinen und deshalb dort sehr günstige Preise erzielen. Dennoch geht bisher nur ein relativ geringer Anteil der Ernte tatsächlich in den Export, weil die mit der Vermarktung zusammenhängenden Organisations- und Transportprobleme noch nicht zufriedenstellend gelöst sind.

Das gilt weitgehend auch für den Frühgemüseanbau, der ebenfalls vorwiegend aufgrund einheimischer Nachfrage in jüngster Zeit erheblich ausgeweitet und intensiviert worden ist. Hier hat das Bestreben, möglichst frühzeitig liefern zu können, dazu geführt, daß — vorzugsweise in unmittelbarer Strandnähe — auf kleinen bewässerten Parzellen Frühgemüse unter Plastikplanen angebaut wird. Ihren Ausgang nahm die Einführung des Anbaues unter Plastikplanen, die tunnelartig über die Jungpflanzen gelegt werden, Anfang der sechziger Jahre im Raum von Ayia Napa. Sie fand sehr schnell Verbreitung, da die finanziellen Erfolge, die damit zu erreichen waren, sich bald herumgesprochen hatten und zur Nachahmung reizten. Nicht zuletzt waren es einige Importeure aus Famagusta, die durch entsprechende Propaganda dafür sorgten, daß der Anbau unter Folien rasche Verbreitung erfuhr; waren doch durch die Einfuhr und den Vertrieb der benötigten Planen neue geschäftliche Möglichkeiten zu gewinnen. Mittlerweile ist der Bedarf an Plastikfolien in Zypern so hoch, daß ihre Herstellung von einigen der neugegründeten Industriebetriebe übernommen worden ist.

Tab. 4: Produktionsergebnisse im Bewässerungsanbau 1969

Anbau-frucht	Anbau-fläche in ha	Wasser-verbrauch pro ha in cbm	Ertrag pro ha in tons	Ertrag pro ha in Z£	Anteil am Wert der Gesamt-erzeugung in %
Zitrus	14 332	8 850	11,6	415	32,3
Obst	3 867	7 650	3,2	258	5,4
Tafeltrauben	1 400	3 075	26,8	965	7,3
Kartoffeln	8 667	3 430	18,5	629	29,5
Karotten	773	2 760	29,8	1 025	4,3
Tomaten	1 333	5 300	16,5	594	4,3
Gurken	667		16,5	726	2,6
Melonen	1 933	4 550	14,0	298	3,1
sonstige Gemüse	3 514		.	.	8,3
Erdbeeren	40		10,0	1 400	0,3
Bananen	87	13 500	20,7	2 070	1,0
Sonstiges	553		.	.	1,2

Quelle: Irrigation Policy, Tab. 11. S. 23.

II. Die Landbesitzstruktur

A. Der private Grundbesitz

1. Vorbemerkungen zu Problemstellung und Materiallage

Es ist nahezu selbstverständlich, daß in einem Land wie Zypern, wo noch nach dem Zweiten Weltkrieg mehr als Dreiviertel der Bevölkerung als Kleinbauern auf dem Lande lebten, der Besitz von Land ein sozial sehr hoch bewertetes Gut war, entschied doch die Größe des eigenen Grundbesitzes über eventuelle Abhängigkeiten, über die wirtschaftliche Lage und soziale Stellung einer Familie.

Es wird Aufgabe der folgenden Kapitel sein zu zeigen, daß den Grundbesitzverhältnissen nicht nur für die Entwicklung der Landwirtschaft in Zypern eine maßgebliche Bedeutung zukommt, sondern daß sie in gleicher Weise auch für Entwicklungsprozesse in vielen anderen Bereichen von Belang sind.

Eine genauere Untersuchung der Landbesitzstruktur und der sie verändernden Prozesse darf sich freilich nicht davon abschrecken lassen, daß mangels entsprechender neuerer Erhebungen nur sehr unzulängliches statistisches Material greifbar ist. Die letzten Zählungen fanden in den Jahren 1946 und 1960 statt, wobei die Ergebnisse der Zählung von 1946 von DEMETRIOS CHRISTODOULOU (1959) sehr gewissenhaft verarbeitet worden sind. Für die spätere Zeit stehen keine Totalerhebungen mehr zur Verfügung, da die politischen Verhältnisse im Lande die Durchführung des Zensus 1970/71 oder andere, die gesamte Insel betreffende Zählungen nach 1963 verhindert haben. Alle später veröffentlichten Zahlen, etwa in den Jahresberichten des Department of Agriculture oder in den Fünf-Jahresplänen der Regierung, beruhen vielmehr auf Fortschreibungen, Schätzungen oder Stichproben. Zuverlässigkeit und Fehlergrenzen solcher Daten sind häufig nicht hinreichend genau einzuschätzen.

Nur für wenige Projektgebiete liegen von FAO-Experten erarbeitete neuere Angaben vor. Im Rahmen der Vorbereitung erster Flurbereinigungsmaßnahmen wurde von der Land Consolidation Authority für einige Gemeinden in jüngster Zeit statistisches Material erarbeitet. Der Leiter dieser Dienststelle, GEORGE KAROUZIS (1971 b), weist in einem Aufsatz nachdrücklich auf die Schwierigkeiten hin, die speziell in Zypern mit Besitz- und Landnutzungskartierungen verbunden sind. Die als Grundlage für FAO-Projekterhebungen oder Flurbereinigungs-Vorbereitungsmaßnahmen verwandten Grundbücher sind oft sehr unterschiedlich weit fortgeschrieben und spiegeln keineswegs den derzeit gültigen Stand wider.

Ist also schon gegenüber den nach 1960 erschienenen Zahlen erhebliche Reserve geboten, so kommt — sehr viel schwerwiegender — noch hinzu, daß häufig Daten in Kategorien gesammelt und verarbeitet wurden, die zur Erfassung der spezifischen Probleme der Insel nicht tauglich sind. Zum einen hat das oft nur technische Gründe. Da zum Beispiel die Feststellung vorhandener Betriebsgrößen über die Grundbücher erfolgen muß, wurden in vielen Fällen nur jeweils die in einer Gemarkung liegenden Grundstücke pro Betrieb addiert, ausmärkischer Besitz blieb daher außer Betracht. Das bedeutet nicht nur, daß die realen Betriebsgrößen in der Regel höher liegen, sondern auch, daß die Zahl der kleinen Besitzgrößen weit überhöht ist, da der ausmärkische Besitz eines Betriebes bei der Zählung in der Nachbargemarkung wieder als neue Einheit gezählt wird. Auf diese

Weise kommt etwa den Zahlen des 1971 fertiggestellten FAO-Berichtes von VAN DER VELDE / CHIMONIDOU nur eine sehr begrenzte Aussagekraft zu, was den Autoren durchaus bewußt gewesen ist.

Doch von derartigen Mängeln abgesehen, erfolgen solche Erhebungen häufig in Kategorien, die zwar mitteleuropäischen Verhältnissen angemessen sein mögen, sich aber zur Erfassung der zyprischen Realität schwerlich eignen. Schon die Verwendung von Begriffen, wie „landwirtschaftliche Erwerbsperson" oder „landwirtschaftlicher Betrieb", ist, wie zu zeigen sein wird, außerordentlich problematisch. Ohne ausreichende Spezifizierung und „Eichung" auf zyprische Maßstäbe können solche Termini kaum sinnvoll angewandt werden.

Angesichts einer solchen Materiallage kann es für die vorliegende Arbeit nicht darum gehen, flächendeckend für Zypern die Landbesitzstruktur quantifizierend zu erfassen. Das Ziel muß ein bescheideneres sein: Es geht um die Erarbeitung wirklichkeitsnaher qualitativer Kategorien, mit deren Hilfe die Grundbesitzverhältnisse in Zypern erfaßt werden können.

2. Die Entwicklung des privaten Grundbesitzes

Jede Betrachtung der Grundbesitzstruktur in Zypern wird von der Feststellung ausgehen müssen, daß sich der überwältigende Teil des Bodens in privaten Händen befindet. 92 % der landwirtschaftlich genutzten Fläche (die mit 3 232 996 donums = 445 000 ha angegeben wird) sind privates Eigentum, nur knapp 7 % sind Besitz der griechisch-orthodoxen Kirche bzw. Vaqf-Land (muslimisches Stiftungsland), und nur 1 % gehört dem Staat und den Kommunen. Von den ca. 270 000 ha der „uncultivated area" Zyperns zählen knapp 40 % als „Hali-Land" zum Eigentum des Staates, fast 60 % dagegen sind Privatbesitz.

Der private Grundbesitz ist noch relativ jungen Alters. Erst um die Mitte des 19. Jahrhunderts wurde von den Türken die bis dahin geltende feudalistische Bodenordnung zugunsten des Privatbesitzes abgeändert.

Mulk-Land (Arazi Memluké) waren Parzellen im absoluten Eigentum von Privatpersonen. Hauptsächlich handelte es sich dabei um Flächen innerhalb von Siedlungen, also Hausgrundstücke und Gärten. Das landwirtschaftlich genutzte Land dagegen stand theoretisch zwar im Eigentum des Staates (Arazi Mirié = Staatsland); das Verfügungs- und Nutzungsrecht darüber aber lag bei privaten Besitzern, solange sie diese Flächen tatsächlich bewirtschafteten. Sowohl Mulk-Land wie Arazi Mirié konnten daher von Privatleuten verkauft, mit Hypotheken belastet oder verpfändet werden. Ein gewisser Unterschied bestand lediglich darin, daß der Kreis der Erbberechtigten bei Mulk-Land noch weiter gezogen war; auch war es nur bei Mulk-Land möglich, in gewissem Umfang durch ein Testament von der gesetzlichen Erbregelung abzuweichen. Die mit der Einführung des neuen Bodenrechtes Mitte des 19. Jahrhunderts von den Türken angelegten Verzeichnisse des Mulk-Landes und des Arazi Mirié waren allerdings nur sehr unvollkommen. So ist es nicht verwunderlich, daß der Versuch der Engländer, auf der Basis dieser Register weiterzuarbeiten, zum Scheitern verurteilt war. Es kam daher zwischen 1909 und 1929 zu einer neuen Katasteraufnahme der Insel, die der Arbeit der englischen Verwaltung eine neue Grundlage bieten sollte.

3. Besonderheiten der heutigen Struktur: „dual" und „multiple" ownership

Das osmanische Bodenrecht dagegen blieb bis zum Jahr 1946 weiter in Kraft. Demzufolge finden wir auch in Zypern die im islamischen Rechtskreis bekannten Erscheinungen der extremen Teilbarkeit des immobilen Besitzes. So wird beim Tode eines Elternteiles dessen Grundvermögen real geteilt. Dabei wird in der Regel nicht der Besitz des Erblassers als Ganzes zerlegt, sondern jede Parzelle und die darauf stehenden Gebäude oder Bäume je für sich werden in eine der Zahl der Erbberechtigten entsprechende Anzahl von Teilen aufgegliedert. Es ist aber auch möglich, daß die reale Teilung unterbleibt, das jeweilige Objekt vielmehr ungeteilter Besitz („undivided shares") einer Erbengemeinschaft („multiple ownership") wird.

Zur Teilbarkeit gehört in Zypern auch, daß die auf einem Grundstück befindlichen Bäume oder Gebäude einen anderen Besitzer haben als das Grundstück selbst („dual ownership"). So gehören die ursprünglich mit einem Grundstück verbundenen Wasserrechte heute fast durchweg einem anderen Besitzer.

Das neue, von den Engländern erst 1946 eingeführte Bodenrecht setzte nun der Aufteilung von Grundstücken Grenzen, indem es bestimmte Mindestgrößen vorschrieb, die bei Teilungen nicht mehr unterschritten werden durften. Nicht bewässerte Parzellen mußten demnach immer noch mindestens 5 donum (= 0,68 ha), saisonal bewässerte mindestens 2 donum (= 0,27 ha) und ganzjährig zu bewässernde Felder mindestens 1 donum (= 0,13 ha) groß bleiben. Die neuen englischen Bestimmungen verboten auch die Neuschaffung von „dual ownership", ohne die bis dahin existenten Fälle, in denen Grundstücke und darauf befindliches immobiles Eigentum verschiedenen Besitzern gehörten, zwangsweise aufzulösen.

Das neue Gesetz sah lediglich vor, daß beim eventuellen Verkauf der jeweils andere Besitzer ein Vorkaufsrecht hatte, Besitzanteile unter einem gewissen Wert nur an Mitbesitzer verkauft werden durften und der Inhaber des geringerwertigen Teiles verpflichtet war, auf Verlangen des Eigentümers des höherwertigen Teiles diesem seinen Anteil zu verkaufen. Um 1946 gehörten etwa 4 Mill. Öl- bzw. Johannisbrotbäume nicht den Besitzern der Grundstücke, auf denen sie standen. Da heute in der Regel die Bäume den geringeren Wert haben, steht das Recht, sie aufzukaufen, in den meisten Fällen den Landbesitzern zu. Das Land- and Survey-Department in Nicosia schätzt, daß seit 1946 die Zahl der von „dual ownership" betroffenen Grundstücke höchstens auf etwa die Hälfte reduziert worden ist.

Ein großer Teil dieses Rückganges erfolgte sicher aber nicht durch Kauf, sondern auf andere Weise, wie denn auch schon vor Erlaß des neuen Gesetzes die Grundbesitzer, deren Feld bei der Ernte der Oliven bzw. Karuben (Johannisbrot) natürlich in Mitleidenschaft gezogen wurde, alles mögliche versuchten, um die Bäume zu beseitigen. Zu den besonders bewährten Praktiken gehörten dabei etwa das Pflanzen von rankenden Kürbissen oder eine systematische Überbewässerung, die die Bäume zum Absterben bringen sollte. So berichtet etwa CONSTANTINE GEORGIADES (1952) über den Ort Anayia, daß dort um die Jahrhundertwende etwa 700 Ölbäume auf Privatland Vaqf-Besitz waren, deren Zahl 1922 noch 490, 1946 nur noch 410 und 1952 schließlich 385 betrug. Aber auch Bäumen, die privaten Besitzern gehörten und auf fremden Feldern standen, ging es nicht besser.

Soweit es möglich war, die Bäume durch solche Praktiken zu beseitigen, verzichteten die Grundbesitzer natürlich darauf, sie durch Kauf an sich zu bringen. Davon wurde eigentlich nur dort häufiger Gebrauch gemacht, wo auf bisherigem Trockenfeld eine neue Zitrusanlage angelegt werden sollte. In der Tat trifft man in den jungen Bewässerungsgebieten fast keine Fälle von „dual ownership" mehr an, obwohl sie dort noch vor wenigen Jahren ebenso wie überall in Zypern zu finden waren. In den nicht bewässerten gebirgigen und peripheren Gegenden Zyperns ist diese Art der Aufgliederung des immobilen Besitzes dagegen noch weit verbreitet.

Als typisches Beispiel dafür mag etwa das Flurbereinigungsgebiet von Akrounda dienen. Der für die Flurbereinigung vorgesehene Teil seiner Gemarkung umfaßt 90 ha und ist derzeit de jure in 466 Parzellen aufgeteilt. Knapp ein Viertel dieser Fläche (21 ha) befindet sich in gemeinschaftlichem Eigentum.

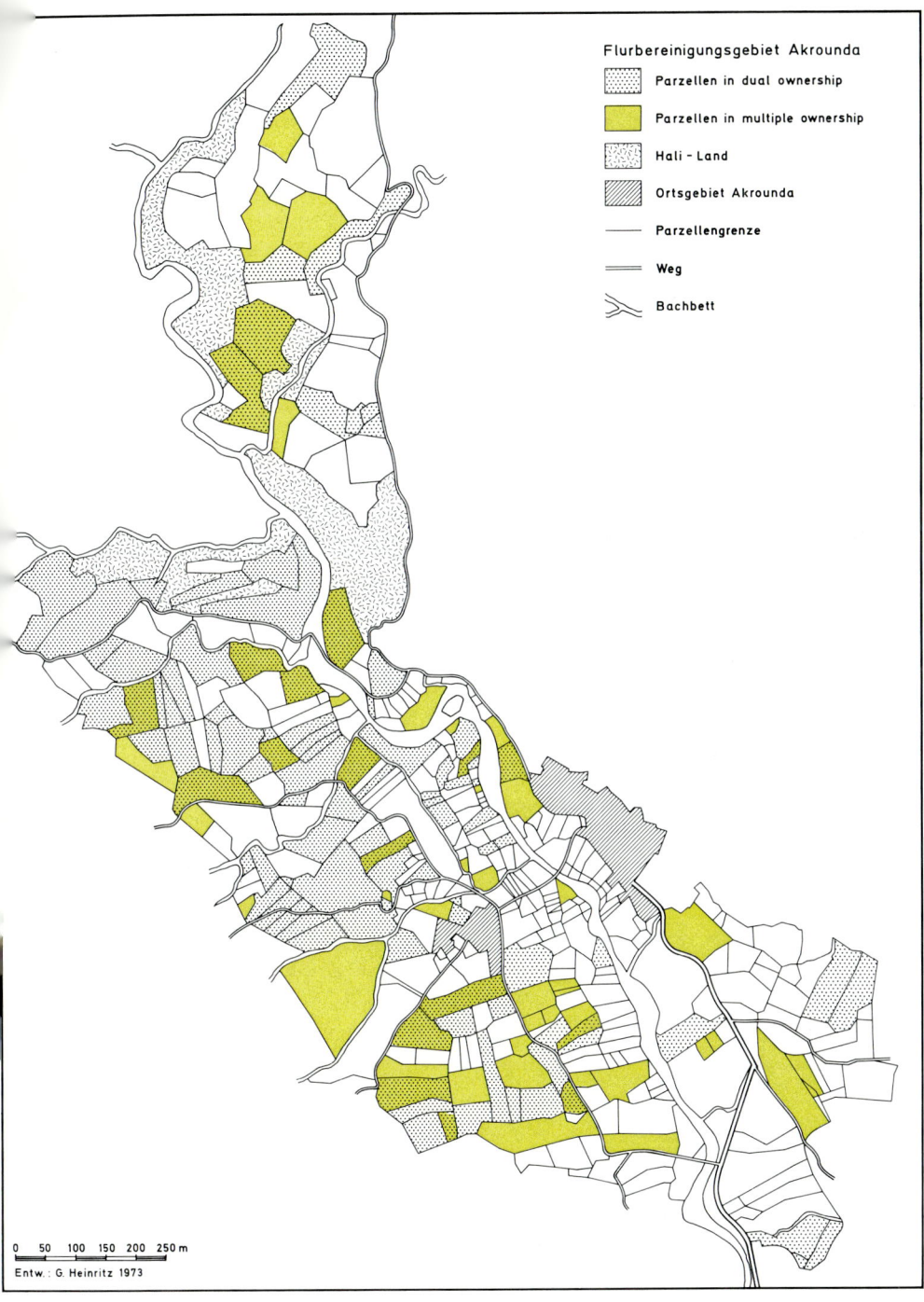

Abb. 1. Dual und Multiple Ownership: Akrounda

Am Bereinigungsverfahren sind insgesamt 164 Grundbesitzer beteiligt; 56 von ihnen besitzen zusätzlich innerhalb der Bereinigungsfläche Bäume, die auf fremden Grundstücken stehen. Hinzu kommen weitere 39 Personen, die innerhalb des untersuchten Gebietes zwar kein Grundstück, wohl aber Bäume bzw. Anteile an Bäumen besitzen (s. auch Abb. 1).

Ein Vergleich mit der entsprechenden Kartierung eines Teiles der Gemarkung des — zum Zitrusanbaugebietes von Morphou gehörenden — Ortes Masari (Abb. 2) ergibt, daß dort die „dual ownership" fast verschwunden ist; noch 1946 waren über 30 % der Felder auf der Flußterrasse davon betroffen gewesen.

Fälle von „multiple ownership", also von gemeinschaftlichem Besitz einer Parzelle durch eine Erben- bzw. Personengemeinschaft, finden sich in der Gemarkung Masari sehr viel seltener. Das hängt zunächst einfach damit zusammen, daß hier das Land, da ganzjährig bewässert, nach den Bestimmungen des Gesetzes in kleinere Stücke geteilt werden kann als nicht bewässerte Felder. Doch auch dort, wo die gesetzliche Grenze der Teilbarkeit erreicht ist, kann man häufig beobachten, daß zwar die Parzelle de jure eine Einheit bleibt, de facto aber eine getrennte Bewirtschaftung durch die Besitzer erfolgt.

Manchmal einigen sich die Eigentümer auf einen jährlichen Wechsel in der Bewirtschaftung, oft aber kommt es zu einer — meist sehr extensiven — Nutzung durch nur einen Teilbesitzer. Hier hat die Einführung des britischen Rechtes die Situation aus landwirtschaftlicher Sicht sicher nicht verbessert. Nach türkischem Recht wurde nämlich eine Parzelle, die zwar einer Personengemeinschaft gehörte, aber nur von einer Person tatsächlich bewirtschaftet wurde, nach zehn Jahren deren alleiniges Eigentum, d. h. die Zahl der in „multiple ownership" befindlichen Parzellen konnte auch wieder zurückgehen.

KAROUZIS (1971 c, S. 54) schätzt den Anteil der in „undivided shares" gehaltenen landwirtschaftlich genutzten Fläche auf etwa 25 % und weist darauf hin, daß die Folge dieser besitzrechtlichen Verhältnisse sehr häufig die Aufgabe der Bewirtschaftung oder eine extensive Nutzung ist. Das trifft jedoch nur für die Verhältnisse im Trockenfeldanbaugebiet zu, während in Bewässerungsanbaugebieten die illegale Teilung und damit eine getrennte, aber intensive Nutzung der einzelnen Teile üblich ist.

Sofern sich die Erben über die Regelung der Nutzung nicht verständigen können, eine Teilung der Parzelle aber gesetzlich nicht mehr möglich ist, sieht das Gesetz den Verkauf oder die Versteigerung des Grundstückes durch das Grundamt vor.

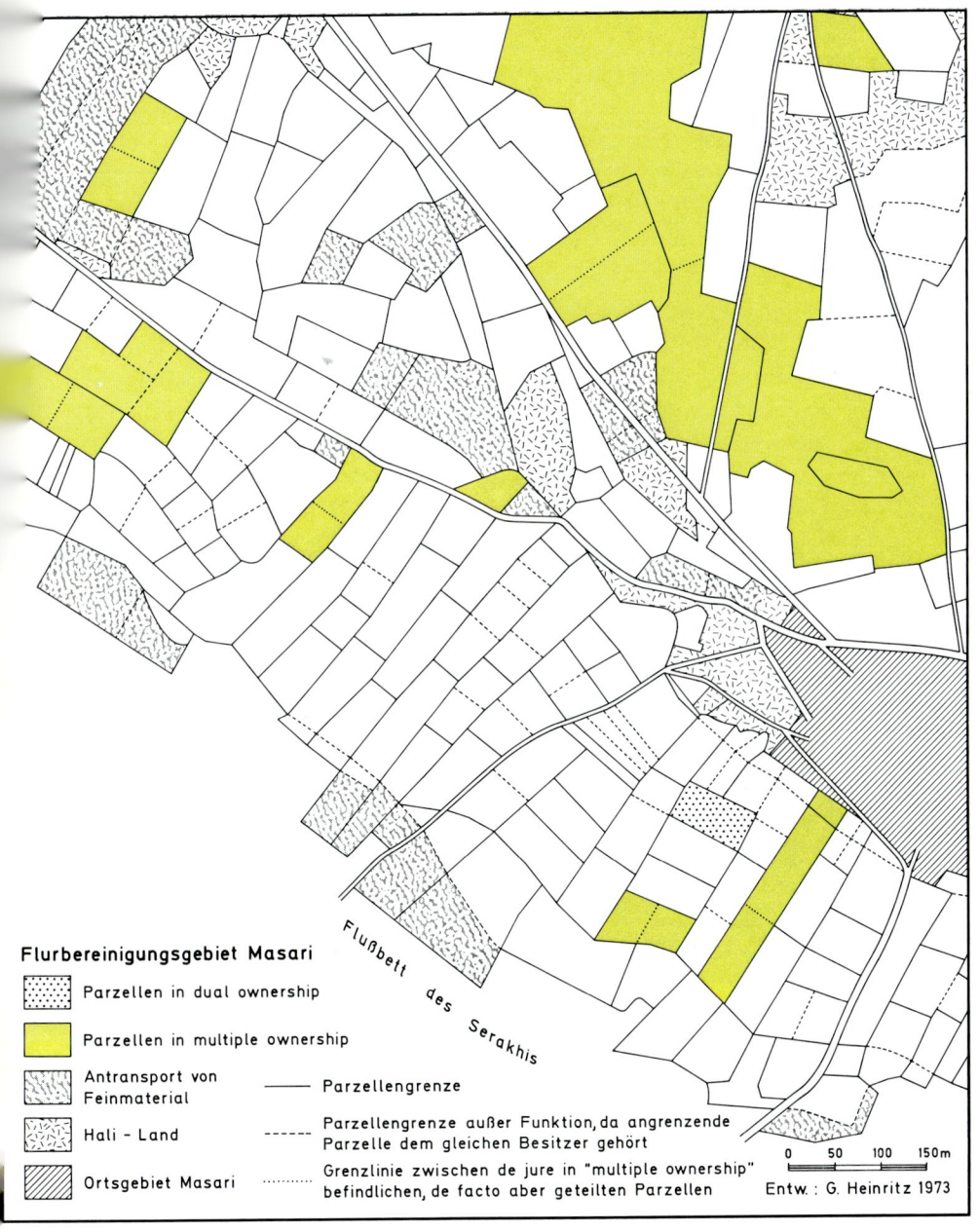

Abb. 2. Dual und Multiple Ownership: Masari

4. Flurzersplitterung

Bei Abschluß der Katasteraufnahme im Jahr 1929 wurden in Zypern über 900 000 Grundstücke gezählt und über 4 Mill. Eigentumstitel an Bäumen registriert. Nach dem Ende des Zweiten Weltkrieges belief sich die Zahl der Parzellen bereits auf über 1,5 Mill. Rein rechnerisch kam schon damals im Durchschnitt auf jeden Einwohner ein Grundbesitz von über 2 Parzellen, und diese Relation hat sich sicherlich seither noch beträchtlich vergrößert.

Die Zersplitterung des Grundbesitzes läßt sich schon mit einem flüchtigen Blick auf jeder beliebigen Katasterkarte Zyperns erkennen. Dabei ist zu berücksichtigen, daß das von einer solchen Karte wiedergegebene Bild in der Regel noch zu positiv gezeichnet ist. Es zeigt nämlich weder die Fälle von „dual ownership" bzw. „multiple ownership", noch ist die nach Erstellung der Karte ständig weiter fortschreitende — legale wie illegale — Teilung durch Erbgang berücksichtigt. Andererseits ist aber auch der Fall nicht selten, daß bereits rechtlich getrenntes Land durch Kauf, Tausch, Heirat usw. wieder in der Hand eines einzigen Besitzers vereinigt ist. Da es von ihm auch als eine Einheit bewirtschaftet wird, sind eine Reihe von Grenzlinien auf der Karte im Gelände also nicht realisiert.

Die starke Parzellierung beruht nämlich nicht ausschließlich auf Erbteilungen. Nicht selten wurde sie nur deshalb durchgeführt, um dem Grundbesitzer größeren Spielraum bei der Beschaffung eventuell nötiger Hypotheken zu verschaffen. Da jedes Grundstück nach zyprischen Gesetzen nur mit einer einzigen Hypothek belastet werden darf, ist es wichtig, eine ausreichend große Zahl von Parzellen dafür zur Verfügung zu haben. Auch durch den Verkauf von Teilgrundstücken zum Zwecke der Geldbeschaffung kommt es immer wieder zu Parzellierungen.

Besonders von Bedeutung aber ist, daß eine Aufteilung des elterlichen Landes gemäß alter Tradition in der Regel nicht erst nach dem Tod, sondern noch zu Lebzeiten der Eltern stattfindet. Gewöhnlich nämlich teilt der Vater, wenn das erste Kind heiratet, seinen gesamten Besitz unter alle seine Kinder auf. Entsprechend der bei der Erbteilung geübten Praxis wird auch in diesem Fall jede Parzelle „gerecht" aufgeteilt. Zwar sind die Kinder zum Unterhalt ihrer Eltern später gesetzlich verpflichtet, dennoch halten diese nicht selten noch einen Teil ihres Landes zurück, um sich im Alter eine gewisse Unabhängigkeit zu bewahren. Manchmal teilen sie ihr Land zwar unter ihre Kinder auf, überlassen ihnen aber nur die Nutzung, nicht dagegen die juristischen Eigentumstitel, was immer wieder zu familiären Streitigkeiten Anlaß gibt.

Auf diese Weise geht die „pulverisation of the holdings" (CHRISTO-DOULOU 1959, S. 83) mit unglaublicher Geschwindigkeit voran. CONSTANTINE GEORGIADES (1952) gibt dazu ein sehr illustratives Beispiel aus Anayia, das in Tabelle 5 zusammengestellt ist.

Tab. 5: Fortschreiten der Flurzersplitterung in Anayia

	1922	1952	Erhöhung in %
Zahl der Grundstücke	546	699	28 %
Zahl der auf diesen Grundstücken ruhenden Besitztitel	790	1 295	64 %
Einwohner	132	205	55 %
Haushalte mit einem Grundbesitz über 5 donum (= 0,689 ha)	25	28	12 %

Quelle: C. Georgiades 1952.

Die Flurzersplitterung führt in Zypern zu einem ähnlichen Bild, wie wir es aus anderen Realteilungsgebieten kennen. Die durchschnittliche Größe pro Parzelle liegt weit unter 1 ha, die äußere Form der Grundstücke ist unregelmäßig-schiefwinklig, die Felder liegen ohne Zufahrt im Gemenge. Bodenkonservierende Arbeiten, d. h. Terrassierungen zum Schutz vor Erosionsschäden oder Nivellierungen, müssen als Folge der Zersplitterung oft unterbleiben, selbst wenn sie erforderlich wären, um das Bewässerungswasser möglichst effektiv nutzen zu können. Auch die Einführung neuer Wirtschaftszweige, etwa die Verstärkung der Viehwirtschaft durch verstärkten Feldfutteranbau und Koppelweide, ist unter solchen Umständen häufig sehr erschwert.

Angesichts der Ähnlichkeiten der Situation lag es natürlich nahe, auch hier wie in Mitteleuropa die Lösung in der Flurbereinigung zu suchen. Doch es spricht vieles dafür, daß das mitteleuropäische Vorbild sinnvollerweise nicht übertragen werden sollte, da die Verhältnisse dort doch in mancher Hinsicht anders liegen. Die Flurzersplitterung bedeutet nämlich für viele Grundbesitzer, wie zu zeigen sein wird, weder einen Verlust an Arbeitszeit infolge langer Anfahrtswege noch verhindert oder erschwert sie die Mechanisierung der Feldarbeiten. Ein Flurbereinigungsverfahren erscheint daher aus der Sicht der Betriebe in solchen Fällen kaum vordringlich oder erstrebenswert. So ist in der Tat in Zypern die Flurbereinigung bislang nur sehr zögernd in Gang gekommen: Nachdem das seit 1956(!) in Vorbereitung befindliche Flurbereinigungsgesetz 1969 endlich verabschiedet worden war, wurde zwar der Aufbau einer eigenen Behörde („land consolidation authority") zügig vorangetrieben, doch hatte diese Dienststelle offenbar nicht nur die üblichen Anfangsschwierigkeiten zu überwinden. Selbst in der kurzen Zeit ihres Bestehens mußte sie schon eine ganze Reihe beabsichtigter Flurbereinigungsverfahren unausgeführt lassen oder bereits begonnene infolge des Desinteresses oder des Widerstandes der Betroffenen wieder einstellen.

5. *Soziale Differenzierung der Grundbesitzer*

Wir haben eingangs dieses Kapitels hervorgehoben, daß der größte Teil der landwirtschaftlichen Nutzfläche privates Eigentum ist. Eine 1969 vom Department of Town Planning and Housing veranstaltete Umfrage ergab, daß der Anteil grundbesitzloser Familien in den meisten Gemeinden unter 10 % lag, nur im Umkreis der großen Städte erreichte er Werte zwischen 10 und 20 %. Doch machte die Umfrage zugleich auch deutlich, daß viele Familien nur über einen sehr geringen Grundbesitz verfügen, der unterhalb der im „land consolidation law" vorgesehenen Mindestgröße liegt — wobei diese Mindestgröße noch keineswegs als Ackernahrungsgrenze interpretiert werden kann (s. Abb. 3).

Ein großer Teil der landwirtschaftlichen Nutzfläche befindet sich damit zwar in Privateigentum, doch keineswegs im Besitz landwirtschaftlicher Betriebe. Schon für 1962 gibt der FAO-Experte VAN DER ZAKEN (1963) in seinem Bericht an, daß die Zahl der Grundeigentümer etwa dreimal so hoch sei wie die Zahl der landwirtschaftlichen Betriebe, wobei freilich die Verwendung des Begriffes „landwirtschaftlicher Betrieb" eher irreführend ist. Die Bewirtschaftung des Landes erfolgt nämlich nur zu einem geringen Teil durch bäuerliche Betriebe im herkömmlichen Sinn. Daneben gibt es eine Vielzahl anderer Formen der Bewirtschaftungsorganisation, auf die noch näher einzugehen sein wird.

Schon im Zensus von 1946 hatten von 60 500 „Bauern" etwa ein Drittel angegeben, daß sie ihren Haupterwerb nicht mehr aus der Landwirtschaft beziehen. 1960 wurde nur mehr knapp die Hälfte der in Privatbesitz befindlichen landwirtschaftlich genutzten Fläche vom Eigentümer bewirtschaftet, knapp 40 % dagegen von „non-farmers" (KAROUZIS 1971 c, S. 85). Die offizielle Statistik weist zwar auch seit Jahren einen konstanten, leichten Rückgang der landwirtschaftlichen Bevölkerung aus, doch sind die dort genannten Werte (für 1971 z. B. 41 % der Gesamtbevölkerung) infolge einer sehr weit gefaßten Definition mit Sicherheit stark übertrieben. Ge-

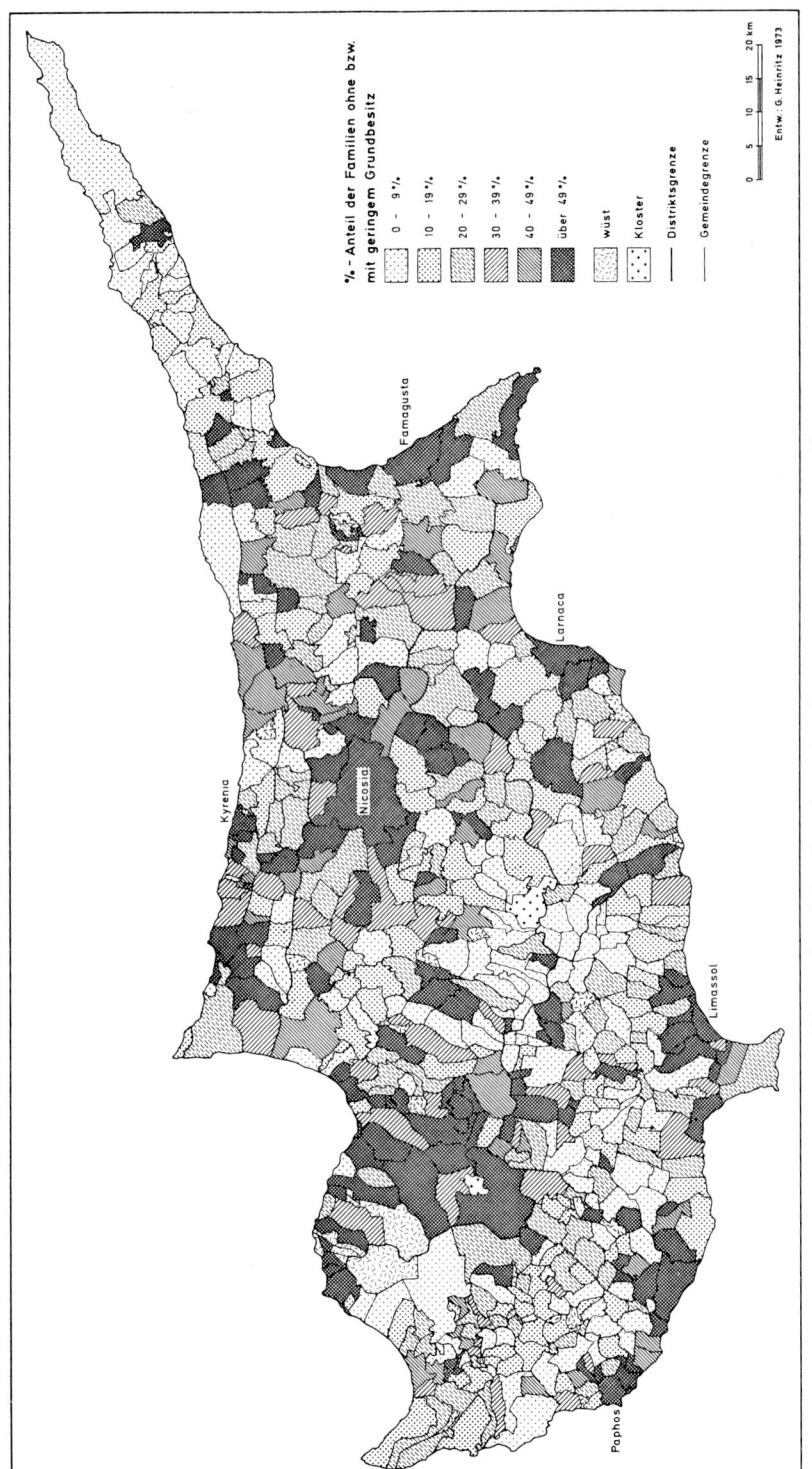

Abb. 3. *Anteil der Familien ohne bzw. mit geringem Grundbesitz*

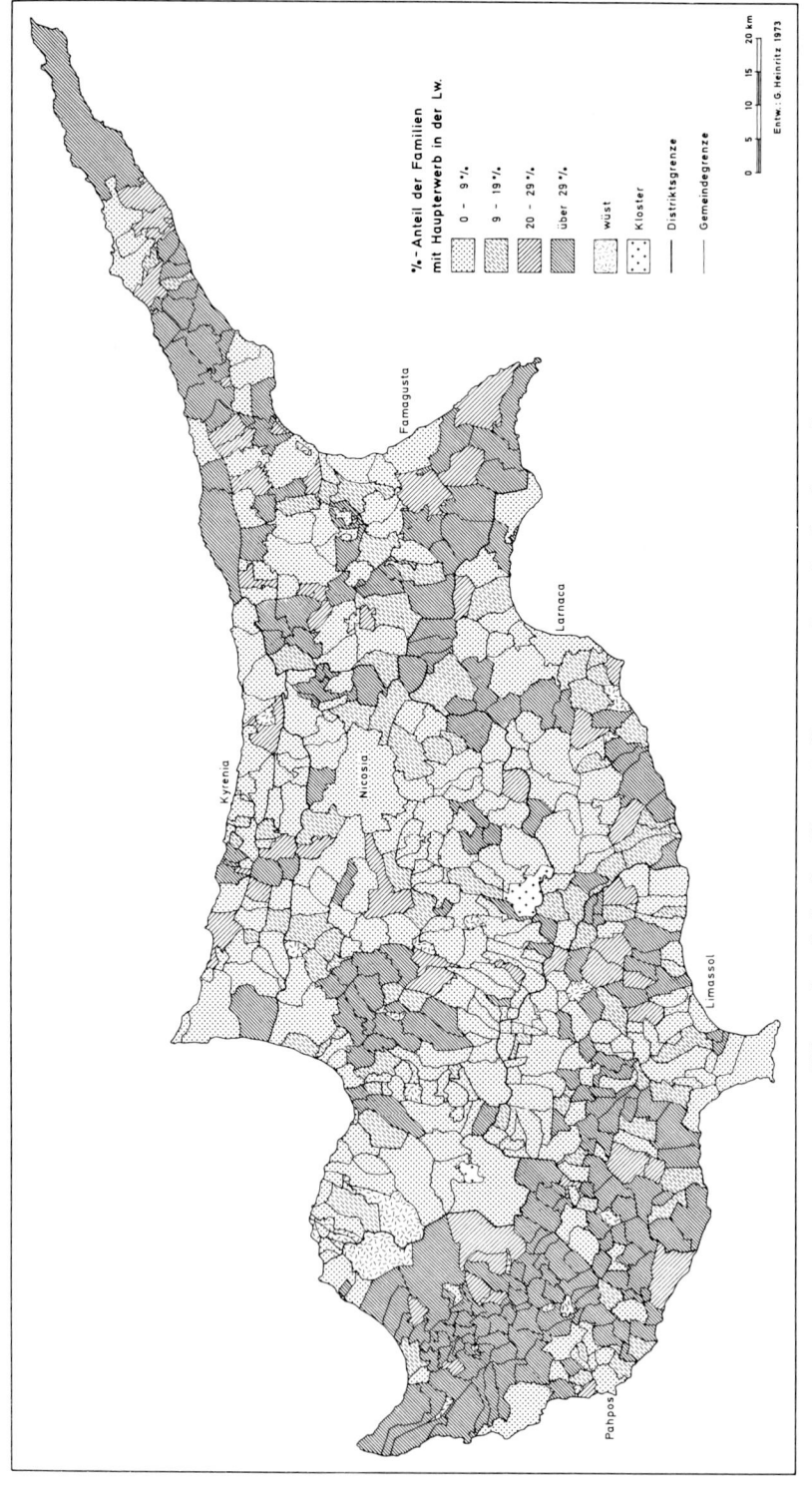

Abb. 4. Anteil der Familien mit Haupterwerb in der Landwirtschaft

naue und regional aufgegliederte Daten liegen leider nicht vor, was um so bedauerlicher ist, als sich gerade durch sie höchst interessante sozialgeographische Unterschiede dokumentieren lassen würden.

Eine Vorstellung davon, wie stark die Zahl der landwirtschaftlichen Vollarbeitskräfte unter der Zahl der „farmer" der amtlichen Statistik liegt, vermittelt Tabelle 6. Sie beruht auf einer 1970 vom Statistics and Research

Tab. 6: Vollbeschäftigte landwirtschaftliche Arbeitskräfte im griechischen Bevölkerungsanteil 1970

(Ergebnisse einer Stichprobenerhebung)

Distrikt	Familien-AK, die mehr als 75 % ihrer Arbeitszeit landwirtschaftl. tätig sind	Davon männlich	Ständige Fremd-AK	Gesamt-AK
Nicosia	9 500	5 700	125	9 625
Kyrenia	750	600	.	750
Famagusta	9 800	6 650	250	10 050
Larnaca	1 600	950	75	1 675
Limassol	7 600	3 500	325	7 925
Paphos	6 100	3 750	100	6 200
Gesamt	35 350	21 150	875 a)	36 225

a) Nicht mitgezählt sind die 1 900 ständigen familienfremden Arbeitskräfte, die in viehwirtschaftlichen Betrieben angestellt sind.

Quelle: Agricultural Survey (January—June 1970), Nicosia 1971, S. 1.

Department durchgeführten Stichprobenerhebung, die allerdings nur den griechischen Bevölkerungsteil betrifft. Anschaulicher ist vielleicht Abbildung 4, die den Anteil der ausschließlich von der Landwirtschaft lebenden Familien darstellt. Sie basiert auf den Ergebnissen der bereits erwähnten Umfrage von 1969 bei den Muhktars (Dorfvorsteher), die sicher mit einem gewissen Unschärfegrad behaftet sind.

Exakter scheinen die Angaben zu sein, die einer von FAO-Experten durchgeführten Untersuchung von 10 Dörfern im Küstenbereich von Paphos entnommen werden können. Danach sind hier, in einem der abgelegenen und noch am stärksten traditionellen Räume in Zypern, von 1 970 ermittelten Grundbesitzern insgesamt 1 254 (= 63,6 %) selbst landwirtschaftlich tätig, doch nur die Hälfte von ihnen lebt ausschließlich von der Landwirtschaft.

Die Bearbeiter einer Feasibility Study im Raum Morphou-Tillyria schätzen, daß der Anteil der Zitrusfläche, die in diesem Anbaugebiet von Vollerwerbslandwirten bewirtschaftet wird, mit Sicherheit unter 5 % liegt, das heißt, daß Vollerwerbsbetriebe in diesem Raum faktisch kaum vorhanden sind.

Die Versuche, die berufliche Stellung von Grundbesitzern zu erheben, haben sehr mit der Schwierigkeit zu kämpfen, daß eine einfache Zuordnung zu einem Beruf oft kaum möglich ist, da das familiäre Einkommen sehr häufig aus einem höchst komplexen und im einzelnen nur schwer durchschaubaren Verbund von Einnahmequellen bezogen wird. Dabei ist oft kaum zu entscheiden, welcher Anteil dem aus der Bewirtschaftung eigenen (oder gepachteten) Landes stammenden Einkommen an den Gesamteinnahmen der Familie zukommt.

Grob vereinfacht wird man die Grundbesitzer hinsichtlich ihrer beruflichen Stellung bzw. ihrer Abhängigkeit von landwirtschaftlichen Einkünften zweigliedern können in eine Minderheit, die ihr Einkommen primär aus der Landwirtschaft bezieht, und eine Mehrheit, für die Gewinne, die sie aus der Bewirtschaftung ihres Landes ziehen kann, als Zusatzeinkommen nur von sekundärer Bedeutung sind.

Die erwähnte Minderheit, die noch ganz oder fast ausschließlich von der Landwirtschaft lebt, findet sich zum größeren Teil in den gebirgigen, abgelegenen und verkehrsmäßig vergleichsweise schlecht erschlossenen Teilen des Landes, also im Raum Paphos, in der Tillyria, der Pitsilia und auf der Halbinsel Karpass. Gerade in diesen Gebieten, in denen der Anteil der „full time farmer" am höchsten ist (s. Abb. 4), sind die physisch-geographischen Voraussetzungen für die Landwirtschaft aber relativ ungünstig. So hängt es ganz von der Ergiebigkeit der winterlichen Niederschläge ab, die starken Schwankungen unterliegen, ob in einem Jahr mit mäßig guten Erträgen gerechnet werden kann oder ob der völlige Ausfall einer Ernte befürchtet werden muß.

Die Betriebe bewirtschaften im Durchschnitt eine Fläche von 5—7 ha, weisen im allgemeinen nur einen sehr geringen Viehbesatz auf und müssen angesichts ihrer geringen Ertragskraft zweifellos als Marginalbetriebe bezeichnet werden. Sie können wirtschaftlich überhaupt nur noch deshalb existieren, weil hohe staatliche Subventionen den Erzeugern Mindestpreise garantieren, die weit über dem Weltmarktpreisniveau liegen. Trotzdem bleiben die Besitzer dieser Betriebe hinsichtlich ihres Jahreseinkommens weit hinter allen anderen Berufsgruppen in Zypern zurück. Bei einer Untersuchung (VAN DER VELDE / CHIMONIDOU 1971, S. 90) von 8 Dörfern im gebirgigen Hinterland von Paphos stellte es sich heraus, daß das jährliche Bareinkommen eines 5 ha-Betriebes dort Z£ 200,— nicht übersteigt. Es ist daher nicht verwunderlich, wenn die Gruppe der Farmer, die wirtschaftlich von solchen Marginalbetrieben abhängt, heute ein hohes Durchschnittsalter (50—60 Jahre) aufweist und von Jahr zu Jahr an Zahl zurückgeht.

Daneben gibt es noch eine zweite, freilich nur wenige hundert Familien umfassende Gruppe von Grundbesitzern, die ihr Einkommen ebenfalls voll aus der Landwirtschaft beziehen. Sie können mit einigem Recht als „Vollerwerbslandwirte" bezeichnet werden. Wir finden sie — zwei bis fünf Familien pro Dorf — ausschließlich in den agrarischen Gunsträumen Zyperns, d. h. dort, wo Bewässerung möglich ist. Es handelt sich häufig um recht aktive, jüngere Männer mit erstaunlich guter Schulbildung, die sie für moderne Methoden und technische Neuerungen in der Landwirtschaft sowie für fremde Vorbilder und fachliche Beratung aufgeschlossen macht. Sie sind derzeit in der Regel zugleich im Bewässerungsanbau (besonders Bananen- und Frühgemüseanbau für den heimischen Markt) und in der Tierhaltung (Milchkühe, Schweine- und Schafzucht) engagiert, registrieren aber sehr sensibel alle Anzeichen für sinkende oder steigende Chancen am Markt, um gegebenenfalls rasch mit weitreichenden betrieblichen Umstellungen reagieren zu können.

Der weitaus größte Teil der landbesitzenden Bevölkerung aber bezieht seinen Haupterwerb heute nicht mehr aus der Landwirtschaft. Eine zahlenmäßig nicht sehr große, wirtschaftlich aber um so gewichtigere Gruppe bilden die Angehörigen hochqualifizierter Berufe, wie Ärzte, Rechtsanwälte oder höhere Regierungsbeamte. Auch Lehrer, Ingenieure und Bankkaufleute wären hier zu nennen, die wie alle anderen Sozialgruppen auch überall auf der Insel Land besitzen, das sie ererbt oder von ihren Eltern zu deren Lebzeiten geschenkt bekommen haben. In einigen Gebieten aber ist diese Gruppe, die vor allem Nicosia, Famagusta oder Limassol als Wohnort bevorzugt, als Grundbesitzer auffallend überrepräsentiert. Dazu gehören die Räume mit ganzjähriger Bewässerung, hauptsächlich die jungen Zitrus-Anbaugebiete, der unmittelbare Küsten- und Strandbereich sowie die Städte selbst mit ihren Nahbereichen.

Die weitaus größte Gruppe der landbesitzenden Bevölkerung wird dagegen von Angehörigen geringer qualifizierter Berufe gestellt, die ihren Beruf bzw. Arbeitsplatz häufig wechseln oder mehreren Erwerbsarten gleichzeitig nachgehen. Dazu rechnen vor allem die in den Dörfern der Mesaoria und im Umkreis der Städte Limassol und Larnaca bzw. der englischen Militärbasen lebenden Pendler, aber auch erhebliche Teile der

„ländlichen" Bevölkerung, die sich selbst auf Befragen wohl zunächst als Farmer bezeichnen würde, in Wahrheit aber den größeren Teil ihres Einkommens aus einem Kafeneion oder einem kleinen Laden, aus unselbständiger Bewässerungsarbeit, aus dem Besitz eines Busses oder Traktors usw. bezieht. Wir wollen diese Gruppe als „semiurbane" Bevölkerung bezeichnen, um darauf hinzuweisen, daß — nicht zuletzt infolge der geringen Entfernungen in Zypern und auf Grund von Entwicklungen am Bodenmarkt — der „Verstädterungsprozeß" weit über das eigentliche Wachstum der Städte hinausgreift und weite Teile der Bevölkerung erfaßt hat, die ihren Wohnsitz in den Dörfern beibehalten haben.

Ähnlich wie für die Angehörigen der hoch qualifizierten Berufe ist auch für die landbesitzende semiurbane Bevölkerung eine moderne, stark am Gewinn orientierte Rechenhaftigkeit kennzeichnend. Beide Gruppen verstehen es sehr geschickt, zur Durchsetzung ihrer Interessen massiven Druck auf die Regierung auszuüben, z. B. wenn es um die Weiterführung der — sehr erheblichen — Subventionierung der Erzeugerpreise für Getreide oder für Wein geht, vor allem aber dann, wenn die Abwehr eigentlich nötiger gesetzlicher Maßnahmen erreicht werden soll.

Bezeichnend dafür ist etwa das zum Schutz der Grundwasservorräte erlassene „Special Measure Law", das vorschrieb, daß an jeder Grundwasser fördernden Pumpe ein Zähler angebracht und in Funktion sein müsse, damit die Grundwasserentnahme durch die Regierung kontrolliert werden könne. Als es wegen eines Verstoßes gegen diese Vorschrift im Raum Morphou zum ersten Prozeß kommen sollte — ein angebrachter Wasserzähler war funktionsfähig gewesen — engagierte man von Seiten der Grundbesitzer die besten Rechtsanwälte und erreichte schließlich durch politischen Druck, daß der Attorney General durch ein „Nolle Prosequi" das Verfahren noch vor Prozeßeröffnung einstellen ließ.

B. Grundbesitzverhältnisse und Landnutzung in ausgewählten Beispielsgemeinden

1. Vorbemerkungen zu Methode und Auswahl der Beispielsgemeinden

Welchen Anteil haben nun die eben ausgegliederten Gruppen privater Grundbesitzer an den skizzierten Fortschritten im Agrarbereich? Wie wirken sich die Grundbesitzverhältnisse auf die Landnutzung aus? Wie ist diese Landnutzung organisatorisch durch die verschiedenen Gruppen gestaltet?

Solche Fragen stellen sich nach dem vorausgegangenen Kapitel fast von selbst; zu ihrer Beantwortung kann man aber auf zuverlässiges statistisches Material nicht zurückgreifen. Es bot sich daher an, auf dem Wege der Untersuchung einiger repräsentativer Beispiele die in Frage stehenden Zusammenhänge zwischen Grundbesitzstruktur und Anbau- bzw. Bewirtschaftungsverhältnissen aufzuklären. Zu diesem Zweck wurden als Beispielsgemeinden für verschiedene Teilräume Zyperns die Gemeinden Akrounda, Ayia Napa, Masari und Salamiou ausgewählt und Teile ihrer Gemarkung parzellenweise über Befragungen kartiert.

Masari und Ayia Napa sind Beispiele für Fluren mit Bewässerungsanbau. In Masari, 8 km östlich von Morphou, wurde durch neue Bohrungen erst vor wenigen Jahren Grundwasser zur Bewässerung erschlossen. Die Gemeinde gehört nun zum äußeren Ring des Zitrusanbaugebietes von Morphou, welches — verglichen mit den anderen Hauptanbaugebieten Famagusta, Limassol-Akrotiri und Lapithos — das jüngste und größte Anbaugebiet von Agrumen auf Zypern ist.

Ayia Napa ist ein Beispiel für eine unmittelbar an der Küste — ca. 12 km südlich von Famagusta — gelegene Gemeinde. Hier gibt es dank einer Vielzahl kleiner privater Brunnen, deren Pumpen teils mit Hilfe von Windmühlen, teils durch Dieselmotoren betrieben werden, schon seit mehr als 40 Jahren Bewässerungsanbau, nach 1960 insbesondere Gemüse- und Frühgemüseanbau. Seit einigen Jahren jedoch ist auch Ayia Napa, wie viele Gemeinden im Raum Famagusta, von einem erheblichen Absinken des Grundwasserspiegels betroffen, was zum Trockenfallen der meisten Brunnen geführt hat.

Salamiou und Akrounda sind Beispiele für Dörfer in den trockenen gebirgigen Regionen Zyperns. Das mehr als 2 Pkw-Fahrstunden von der nächsten Stadt abgelegene Salamiou im Paphos-Distrikt, 640 m hoch, zeigt eine vollständige Hinwendung zum Weinbau. Akrounda im Distrikt Limassol liegt nicht nur in geringerer Höhe, sondern auch bedeutend stadtnäher etwas oberhalb des neuen Staubeckens von Yermasoyia und verfügt selbst über ein kleines Staubecken, das freilich nur dazu ausreicht, einen geringen Teil der Gemarkung zu bewässern.

2. Besitzstruktur und Anbauverhältnisse

Betrachten wir zunächst die Ausschnitte aus den Katasterblättern, so fällt es leicht, eine ganze Reihe von Beispielen für die bereits beschriebenen, durch Teilung entstandenen „Defekte" auszumachen. Vergleichen wir die Abbildungen 5, 6, 7 und 8, so fällt auf, daß nur im Fall von Ayia Napa das der Kirche gehörige Land größeren Umfang erreicht. Der größte Teil des Strandes, der als reine Sandfläche landwirtschaftlich nicht nutzbar war, ist hier ebenso als Hali-Land eingezeichnet wie große Teile der von Boden

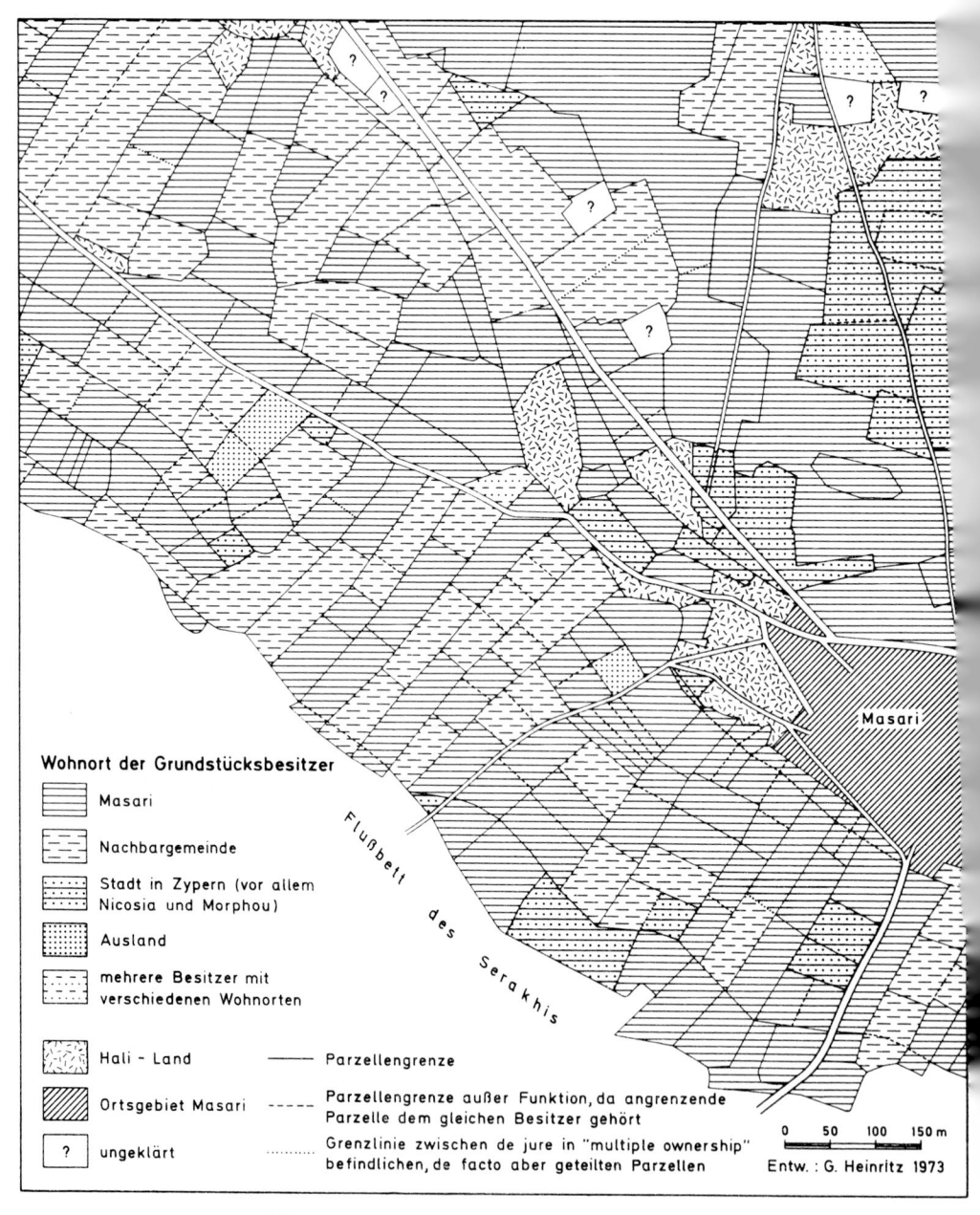

Abb. 5. Wohnort der Grundstücksbesitzer: Masari

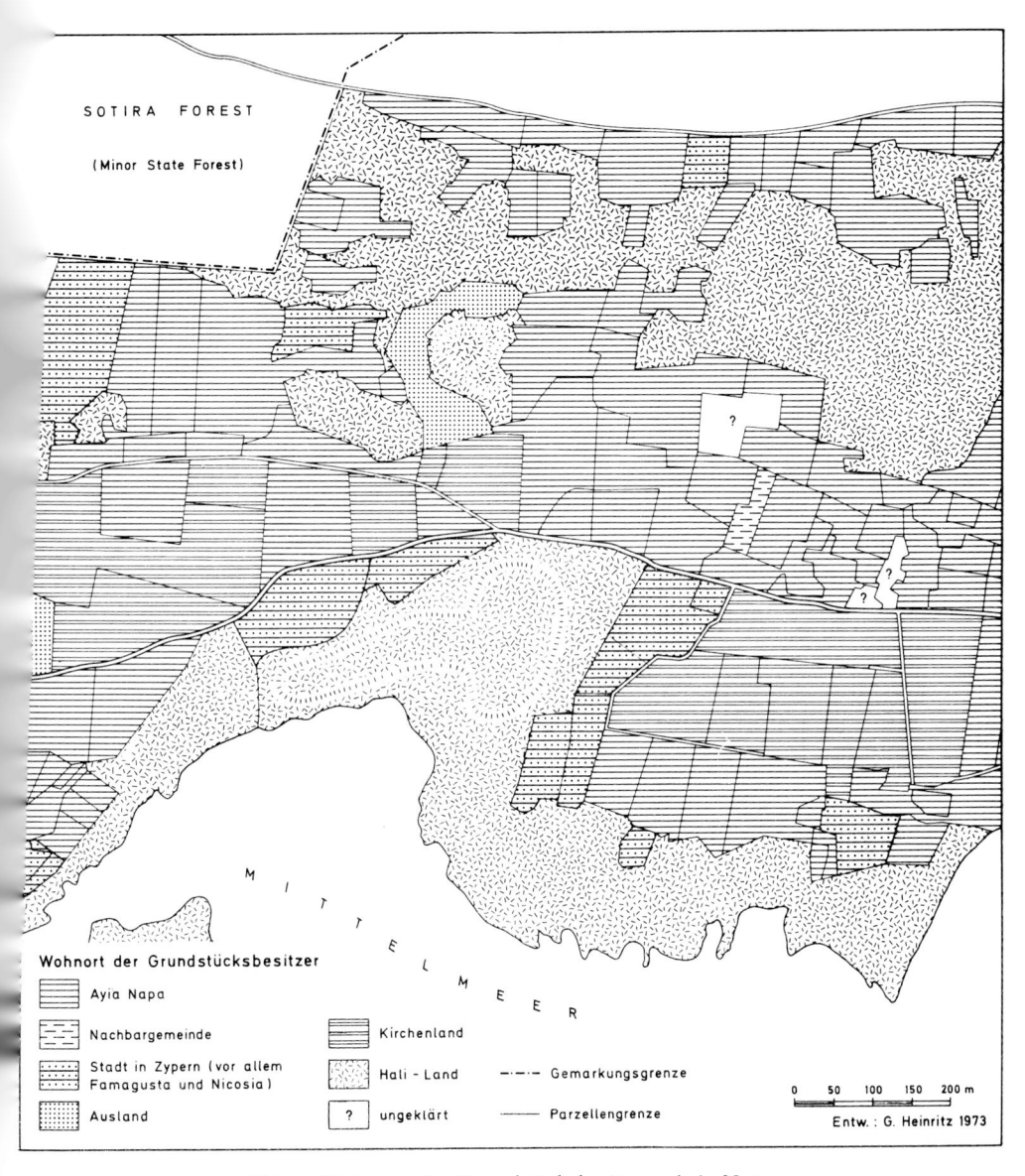

Abb. 6. Wohnort der Grundstücksbesitzer: Ayia Napa

kaum bedeckten Kafkalla-Kruste im nordöstlichen Teil des Ausschnittes von Masari. Auch bei den Karten von Salamiou und Akrounda zeigt sich, daß oft die jeweils auf Grund der Relief- oder Gesteinsverhältnisse nicht nutzbaren Teile der Gemarkung als Hali-Land in staatlichem Besitz sind.

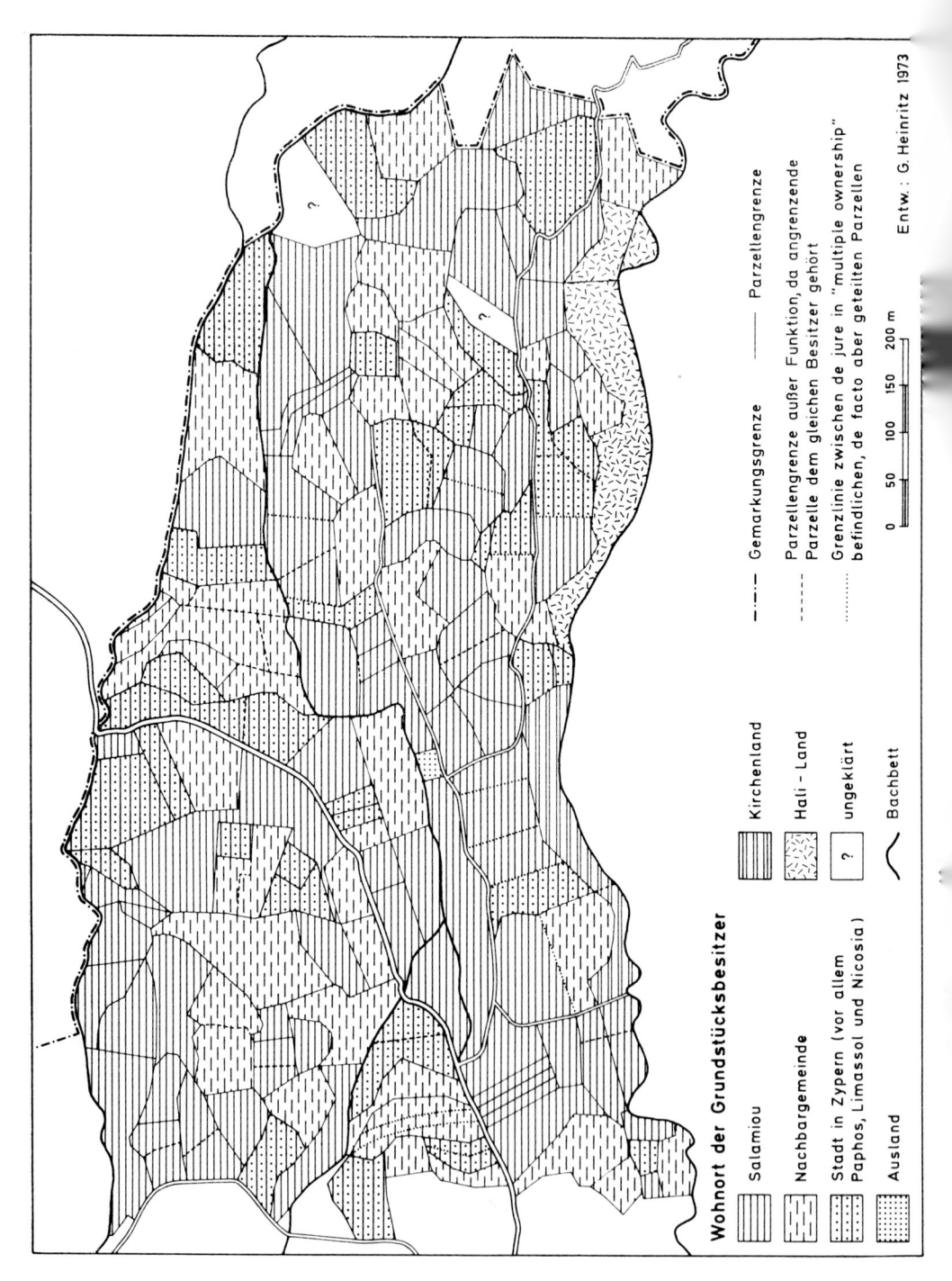

Wohnort der Grundstücksbesitzer

- Salamiou
- Nachbargemeinde
- Stadt in Zypern (vor allem Paphos, Limassol und Nicosia)
- Ausland
- Kirchenland
- Hali-Land
- ungeklärt
- Bachbett

— · — Gemarkungsgrenze
——— Parzellengrenze
- - - - Parzellengrenze außer Funktion, da angrenzende Parzelle dem gleichen Besitzer gehört
·········· Grenzlinie zwischen de jure in "multiple ownership" befindlichen, de facto aber geteilten Parzellen

Entw.: G. Heinritz 1973

0 50 100 150 200 m

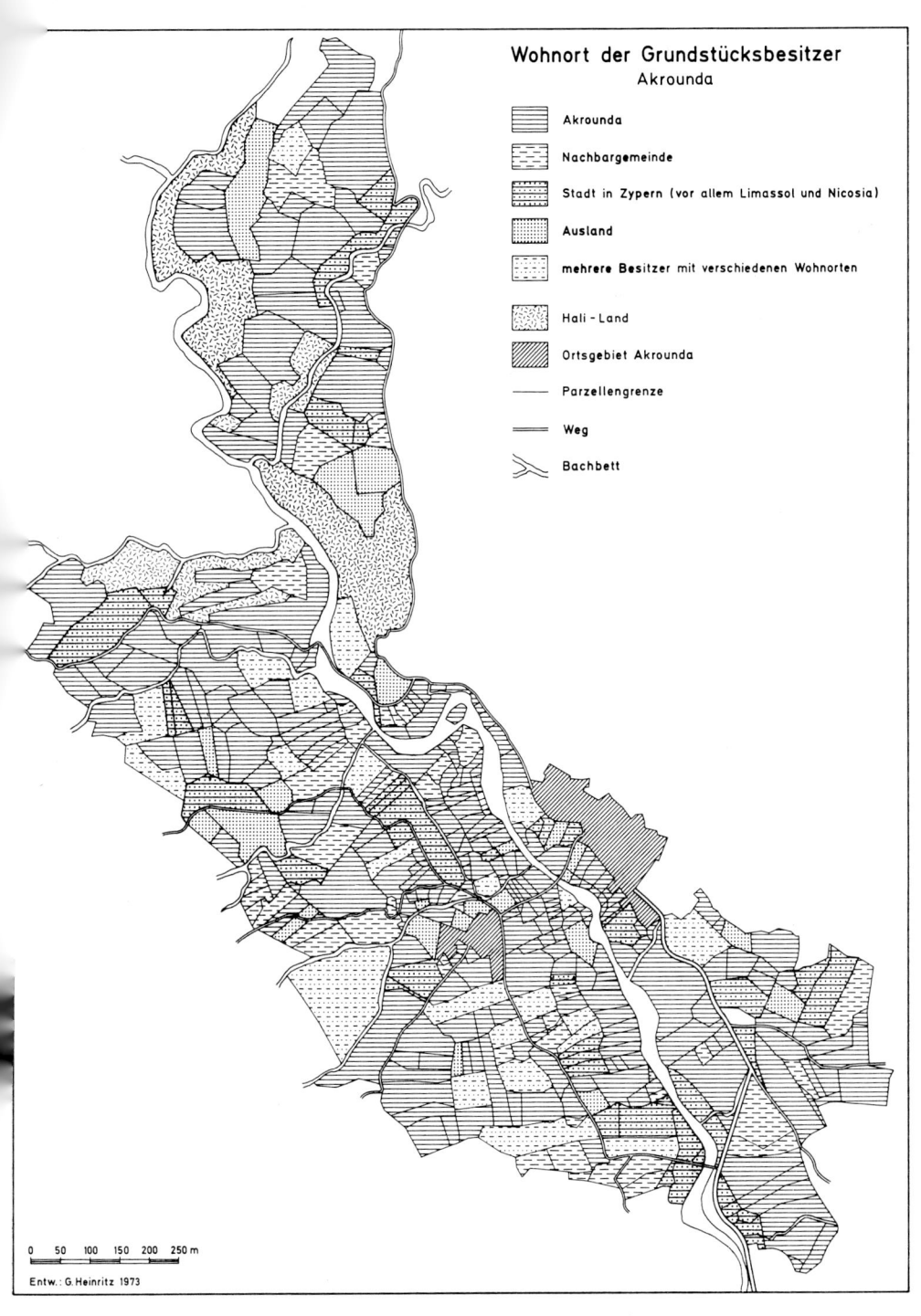

Abb. 8. Wohnort der Grundstücksbesitzer: Akrounda

Im übrigen aber ist die landwirtschaftlich genutzte Fläche in privater Hand, wobei nun auffällt, daß wir jeweils sehr erhebliche Flächen im Besitz von Ausmärkern finden. Differenzieren wir die Gruppe der Ausmärker je nach der Entfernung ihres Wohnortes, so können wir Besitzer unterscheiden, die a) in einer Nachbargemeinde, b) in einer Stadt Zyperns oder c) im Ausland wohnen. Der hypothetisch denkbare Fall, daß ein Besitzer in einem weiter entfernten zyprischen Dorf lebt, kommt nur sehr selten vor; in unseren Beispielen gar nicht.

Fassen wir Einmärker und Besitzer, die in Nachbargemeinden leben, als Gruppe der „ländlichen Besitzer" zusammen, so ergibt sich, daß der Besitz der weiter entfernt lebenden Ausmärker in Masari am geringsten ist, in Ayia Napa einerseits, Akrounda und Salamiou andererseits dagegen größere Flächen einnimmt — freilich, wie noch zu zeigen sein wird, aus ganz unterschiedlichen Gründen. Aber auch in diesen Gemarkungen dominiert die Gruppe der „ländlichen Besitzer". Sie darf aber in keinem Fall mit „bäuerlicher Bevölkerung" gleichgesetzt werden. Das ergibt sich sehr deutlich, wenn man nach der beruflichen Stellung der Grundbesitzer fragt (s. Abbildungen 9, 10 und 11).

3. Bewirtschaftung der Flächen am Beispiel von Masari

a) Veränderungen im Anbau

Angesichts des beträchtlichen Ausmärkeranteiles und der breiten Streuung bei der Berufszugehörigkeit der Grundbesitzer überrascht es, wenn die Anbaukartierungen (Abbildungen 12, 13, 14 und 15) ein relativ einheitliches Bild ergeben, die Landnutzung also kaum sozialgruppenspezifisch gesteuert ist, sondern offenkundig vor allem physisch-geographische Sachverhalte die Landnutzung bestimmen.

Noch vor 7 Jahren sah die Gliederung des Beispielgebietes Masari (Abb. 16) so aus, daß auf der Flußterrasse in Ortsnähe nur wenige junge Agrumenfelder zu finden waren, daneben waren auch einige Felder mit Kartoffeln, Karotten und Melonen bestellt. Sie wurden durch gepumptes Grundwasser, im Frühjahr aber auch mit Flußwasser bewässert. Doch große Teile der Terrasse blieben unbewässert, sie wurden von Getreide und Ölbäumen eingenommen. Im mittleren Teil der Flur fanden sich ausschließlich Getreidefelder, während auf der höher gelegenen Kafkallafläche nur mehr sporadisch genutzte Getreidefelder zu finden waren. Der größte Teil dieser Fläche wurde nur beweidet. Heute ist dagegen fast die gesamte Flußterrasse von Agrumengärten eingenommen. Junge Zitrusbäume sind nun auch auf den tiefer gelegenen Teilen der Kafkalla zu finden, daneben werden dort vor allem Kartoffeln und Karotten angebaut, doch wird nur wenig Getreidebau mehr betrieben.

Die Verteilung des Anbaues ist also offensichtlich abhängig von der Menge des vorhandenen Bewässerungswassers; steht davon genügend zur Verfügung, werden ggf. auch die Bodenverhältnisse entsprechend manipuliert, indem auf bewässerbare Kafkalla-Grundstücke Feinmaterial per LKW angefahren wird, um eine ausreichend mächtige Bodenkrume zu schaffen. Gleichzeitig werden die dadurch zu anbaufähigen Feldern umgestalteten Flächen nivelliert und terrassiert, um Wasserverluste bei der Bewässerung bzw. Erosionsschäden zu vermeiden.

b) Umwandlung von Ödland in Zitrus-Anbauflächen

Die ersten Versuche, durch Anfuhr von gekaufter Erde, die anderen Feldern entnommen wurde, eigene, bislang unkultivierbare Parzellen in Äcker umzuwandeln, machte Anfang der sechziger Jahre in Masari ein Ausmärker, nämlich der Muhktar des Nachbarortes Philia. Er erweiterte auf diese Weise eine seiner Parzellen in das Schotterbett des Serrakhis hinein und hat, wie Abbildung 2 zeigt, zahlreiche Nachahmer gefunden, obwohl diese Art der Ausdehnung des produktiven Landes keineswegs billig war: Sollen Agrumen gepflanzt werden, sind im Durchschnitt pro ha etwa 1 450 LKW-Ladungen erforderlich, die je Ladung 1 000 Mils (= Z£ 1,000) kosten.

Seit der 1962 erfolgten Fertigstellung des nahen Staudammes bei Morphou ist das benötigte Feinmaterial leichter erhältlich, da es im Sommer, wenn das Beckeninnere trockenliegt, dort entnommen werden kann. Von jenem Jahr an kommt es dann auch zu Meliorationen von Parzellen auf der Kafkalla. Dort wird zuerst durch Einsatz entsprechender Maschinen die Kruste „entsteint", hernach wird Erde angefahren. Für derartige Meliorationen stellte die Regierung in begrenztem Umfange jeder Gemeinde alljährlich einen gewissen Betrag als Zuschuß bereit. Der größte Teil der Finanzierung aber erfolgte entweder durch Eigenkapital oder durch Aufnahme von Darlehen bei der örtlichen Kreditgenossenschaft bzw. bei Banken. Mittlerweile ist, wie die Karte zeigt, fast der gesamte untere Teil der Kafkallafläche in der beschriebenen Weise anbaufähig gemacht worden. Natürlich ist diese Aktivität auch in engem Zusammenhang mit der Erweiterung des Angebotes an Bewässerungswasser in jüngster Zeit zu sehen.

c) Organisation der Bewässerung

In den fünfziger Jahren gab es in der Gemarkung Masari neben einer kleinen Zahl relativ seichter Brunnen, die das für die Schafherden des Ortes benötigte Wasser lieferten, zwei private Tiefbrunnen und eine „Irrigation Association", deren ca. 50 Mitglieder die auf dem Flußwasser beruhenden Wasserrechte besaßen. Ihre Rechte stammten noch aus osmanischer Zeit, als es möglich war, ein Wasserrecht unabhängig vom Grundbesitz zu haben. Seit der Reform von 1946 ist eine solche Loslösung vom Boden nicht mehr gestattet, doch gab es damals eine zweijährige Frist, innerhalb derer man sich sein 1946 bestehendes Recht verbriefen lassen konnte. Die „Association" besorgte also die Verteilung des Flußwassers, das nur während eines relativ kurzen Zeitraumes in der winterlichen Regenzeit zur Verfügung stand. Die Rechte der Mitglieder sind hier in 288 Anteile aufgegliedert, das heißt, wer einen Anteil besitzt, dem steht alle 12 Tage eine Stunde Bewässerungswasser zu.

Verwaltet wurde die Irrigation Association durch ein Komitee, das 1958 die Initiative zur Niederbringung einer größeren Bohrung ergriff, da durch intensivere Nutzung weiter oberhalb das jährlich zur Verfügung stehende Flußwasser immer weniger wurde. Die Bohrung, die einschließlich der nötigen Rohre die damals sehr stattliche Summe von 7 000 Z£ erforderte, stellt heute die ausschließliche Grundlage für die Versorgung mit Bewässerungswasser der Association in Masari dar. Obwohl das geförderte Grundwasser mit dem Flußwasser, auf das die Rechte ursprünglich bezogen waren, nichts mehr gemein hat, wurden die alten Rechte einfach darauf übertragen, d. h. ein Anachronismus fortgeschrieben.

Nominell gehört zwar alles Grundwasser allein dem Staat, de facto aber „besitzen" es nach wie vor Privatleute. So verkaufen auch in Masari die Mitglieder der Association ihnen zustehendes, aber nicht selbst benötigtes Wasser an interessierte Grundbesitzer in der gleichen Weise, wie dies die Besitzer der zwei bereits erwähnten Privatbohrungen tun.

1973 hat der tatsächlich gezahlte Preis pro Stunde bei 750 Mils gelegen, das entspricht einem Kubikmeter-Preis zwischen 15 und 17 Mils. Bei einer durchschnittlichen nötigen Wassermenge von ca. 8 000 cbm/ha im Jahr bedeutet das eine Kostenbelastung pro ha/Jahr von Z£ 130,000 und mehr! Trotzdem haben auf der Grundlage von gekauftem Wasser, wie die Anbaukartierung zeigt, viele Nicht-Wasserbesitzer einen Agrumengarten neu angelegt, freilich mit dem Risiko, daß bei verstärktem Eigenbedarf des Wasserlieferanten oder bei Rückgang der Wasserschüttung ihnen der Verkäufer nichts mehr liefern wird.

Beruf der Grundstücksbesitzer

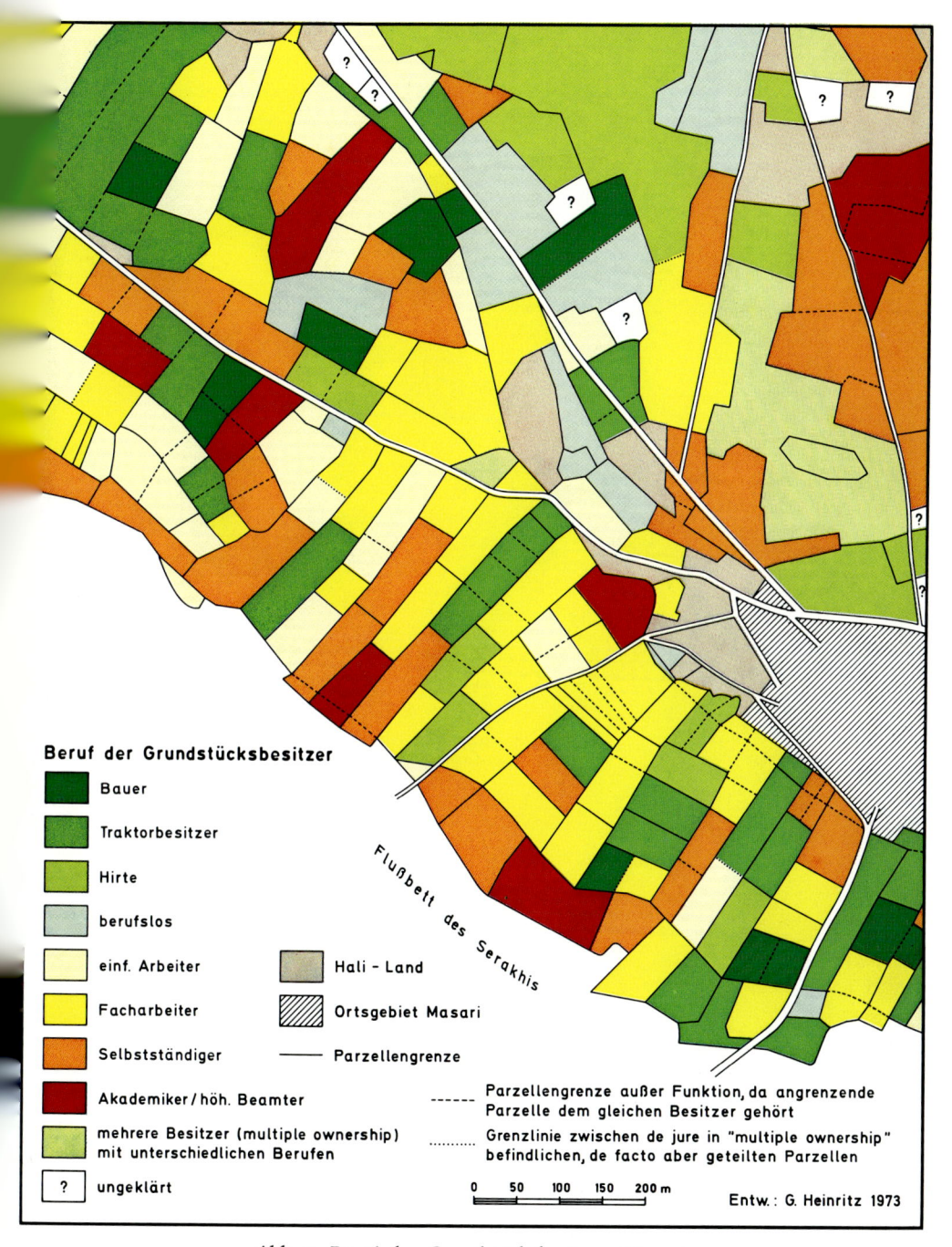

- Bauer
- Traktorbesitzer
- Hirte
- berufslos
- einf. Arbeiter
- Facharbeiter
- Selbstständiger
- Akademiker / höh. Beamter
- mehrere Besitzer (multiple ownership) mit unterschiedlichen Berufen
- ? ungeklärt

- Hali - Land
- Ortsgebiet Masari
- Parzellengrenze
- ------ Parzellengrenze außer Funktion, da angrenzende Parzelle dem gleichen Besitzer gehört
- .... Grenzlinie zwischen de jure in "multiple ownership" befindlichen, de facto aber geteilten Parzellen

0 50 100 150 200 m

Entw.: G. Heinritz 1973

Abb. 9. Beruf der Grundstücksbesitzer: Masari

Beruf der Grundstücksbesitzer

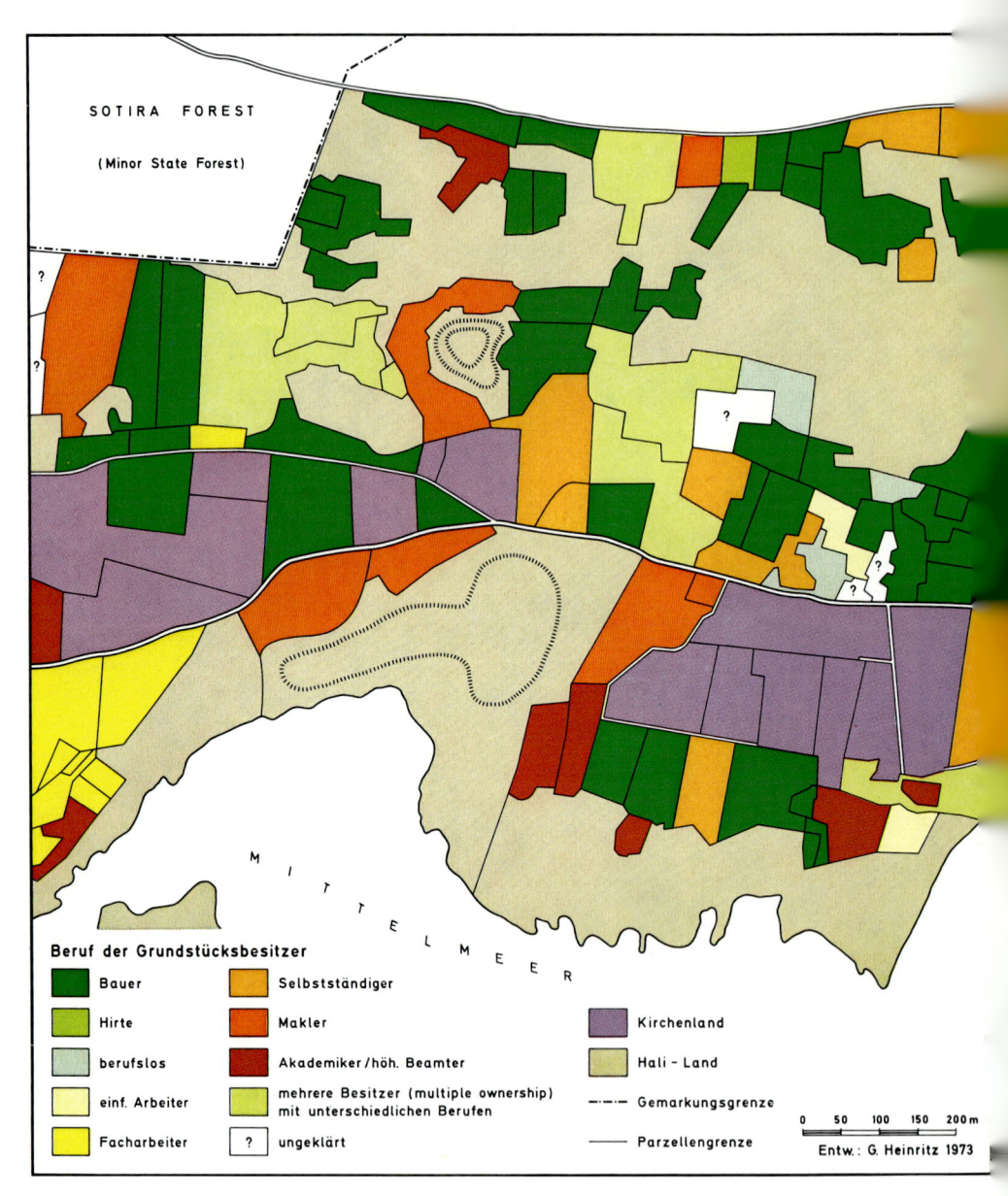

- Bauer
- Hirte
- berufslos
- einf. Arbeiter
- Facharbeiter
- Selbstständiger
- Makler
- Akademiker/höh. Beamter
- mehrere Besitzer (multiple ownership) mit unterschiedlichen Berufen
- ? ungeklärt
- Kirchenland
- Hali - Land
- Gemarkungsgrenze
- Parzellengrenze

Entw.: G. Heinritz 1973

Abb. 10. Beruf der Grundstücksbesitzer: Ayia Napa

Beruf der Grundstücksbesitzer

- Bauer
- Traktorbesitzer
- berufslos
- einf. Arbeiter
- Facharbeiter
- Selbstständiger
- Akademiker / höh. Beamter
- mehrere Besitzer (multiple ownership) mit unterschiedlichen Berufen
- Kirchenland
- Hali - Land
- ? ungeklärt

— · — · Gemarkungsgrenze   ——— Parzellengrenze

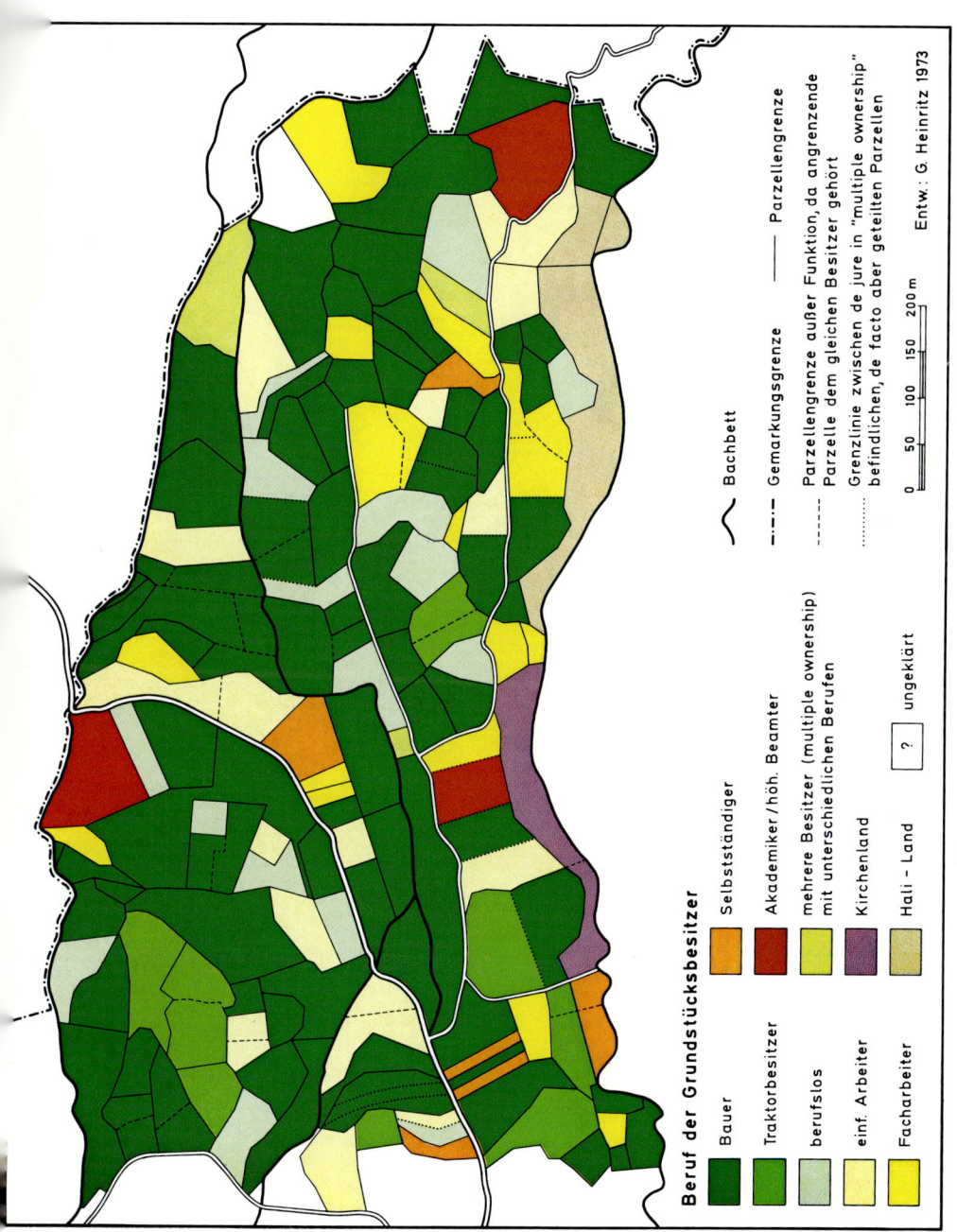

— — — Parzellengrenze außer Funktion, da angrenzende Parzelle dem gleichen Besitzer gehört

· · · · · · Grenzlinie zwischen de jure in "multiple ownership" befindlichen, de facto aber geteilten Parzellen

Bachbett

0 50 100 150 200 m

Entw.: G. Heinritz 1973

Abb. 11. Beruf der Grundstücksbesitzer: Salamiou

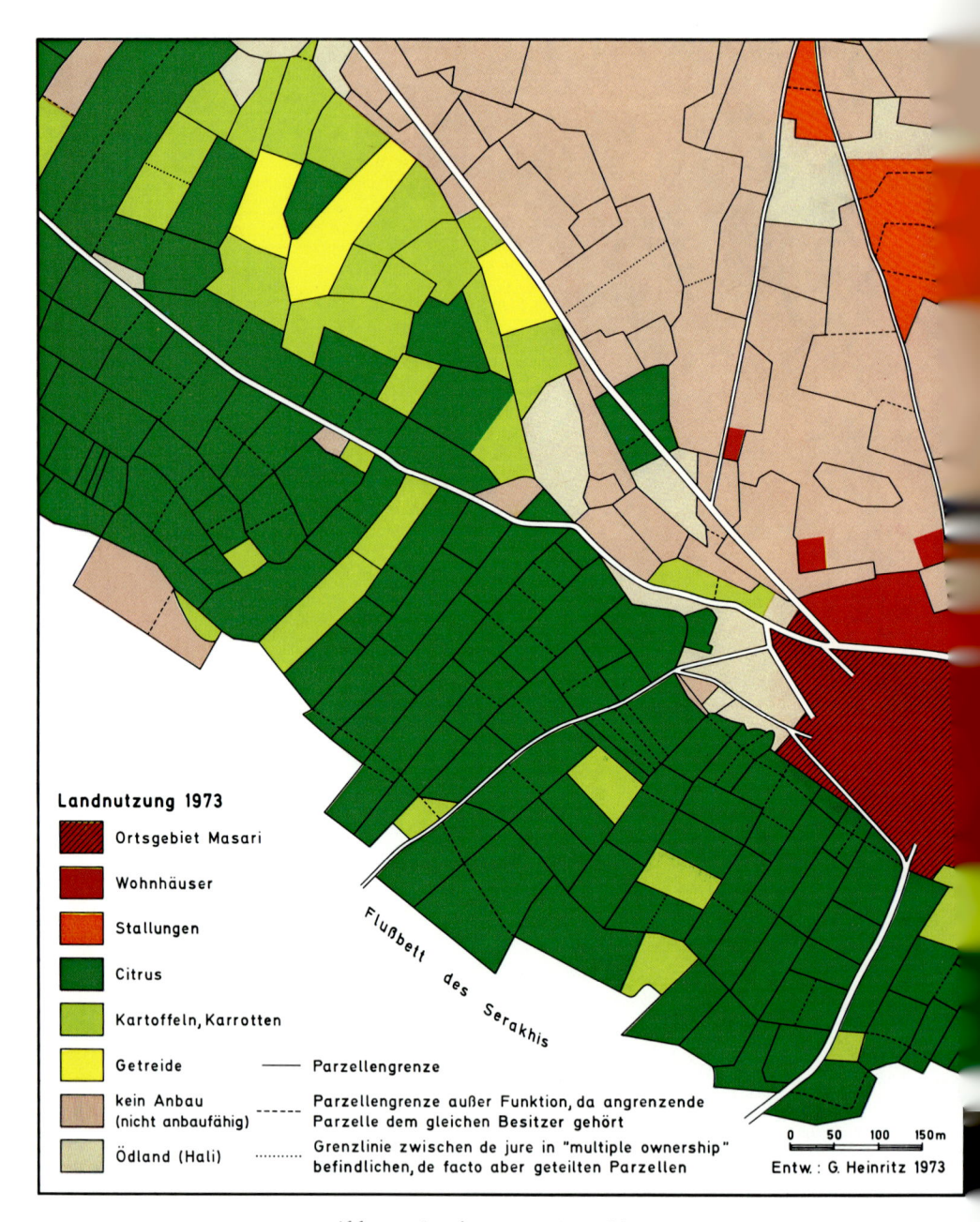

Abb. 12. Landnutzung 1973: Masari

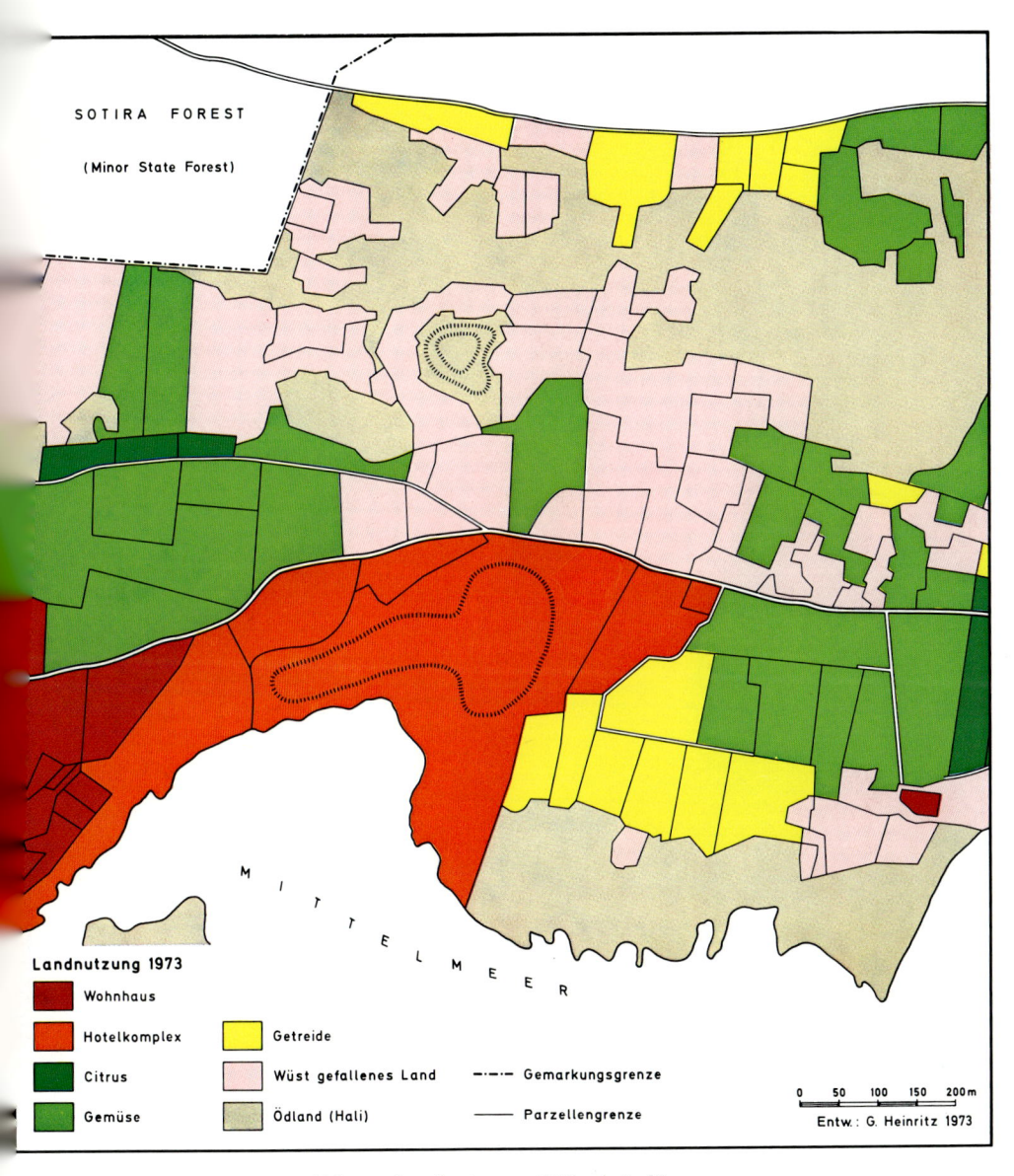

Abb. 13. Landnutzung 1973: Ayia Napa

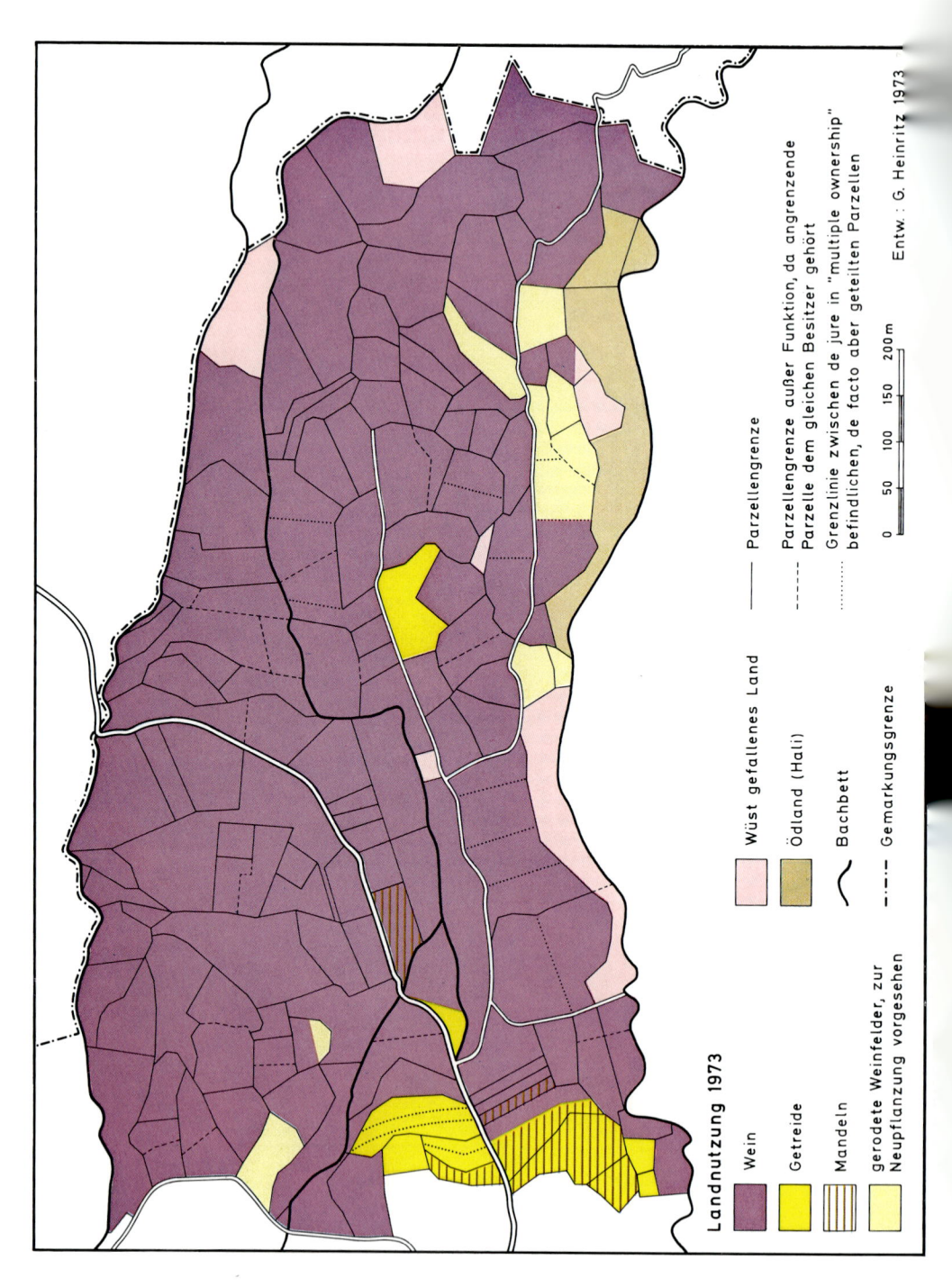

Landnutzung 1973

▨	Wein
▨	Getreide
▨	Mandeln
▨	gerodete Weinfelder, zur Neupflanzung vorgesehen
▨	Wüst gefallenes Land
▨	Ödland (Hali)
⌇	Bachbett
–·–·–	Gemarkungsgrenze
———	Parzellengrenze
– – –	Parzellengrenze außer Funktion, da angrenzende Parzelle dem gleichen Besitzer gehört
········	Grenzlinie zwischen de jure in "multiple ownership" befindlichen, de facto aber geteilten Parzellen

Entw.: G. Heinritz 1973

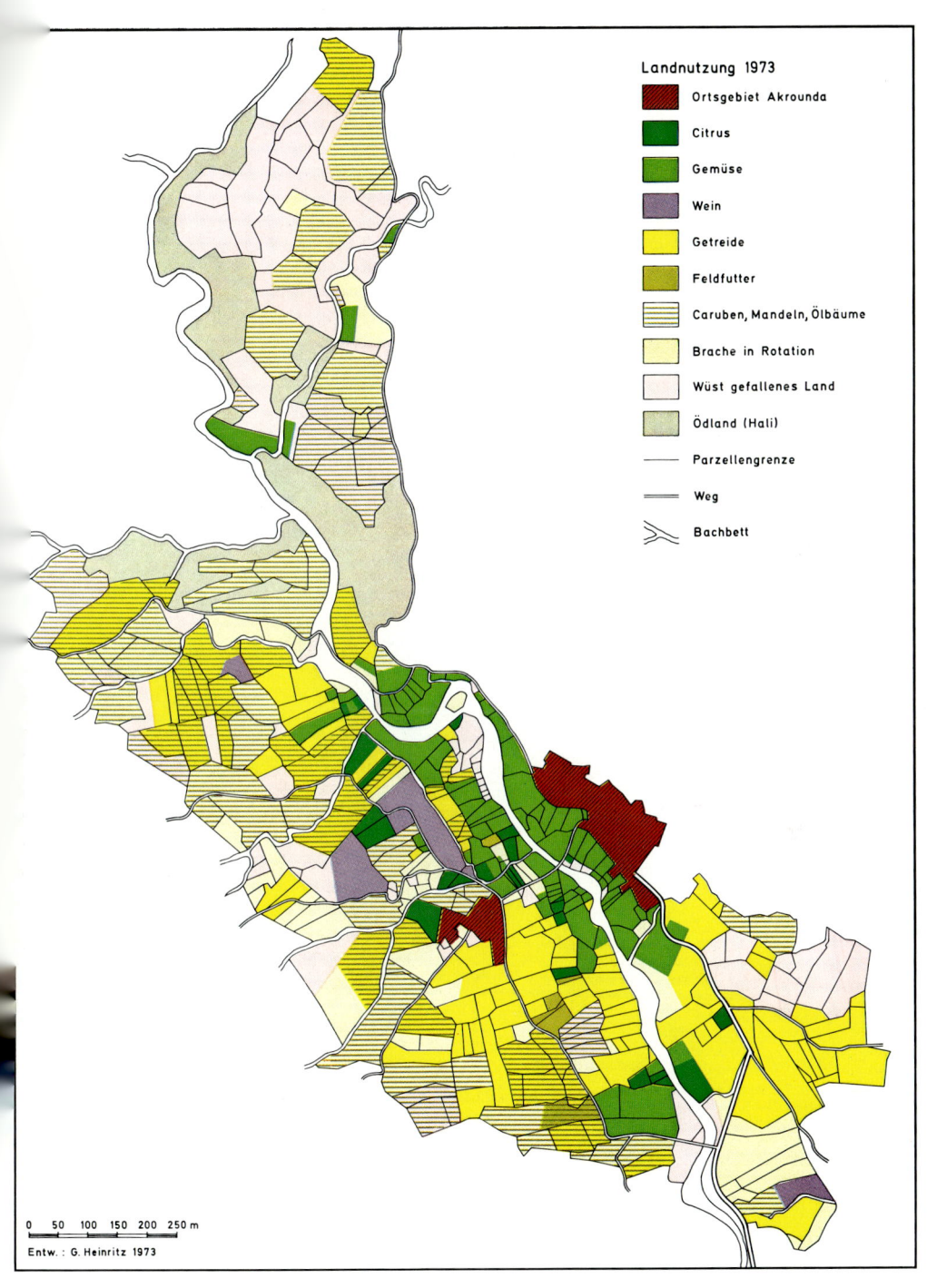

Abb. 15. Landnutzung 1973: Akrounda

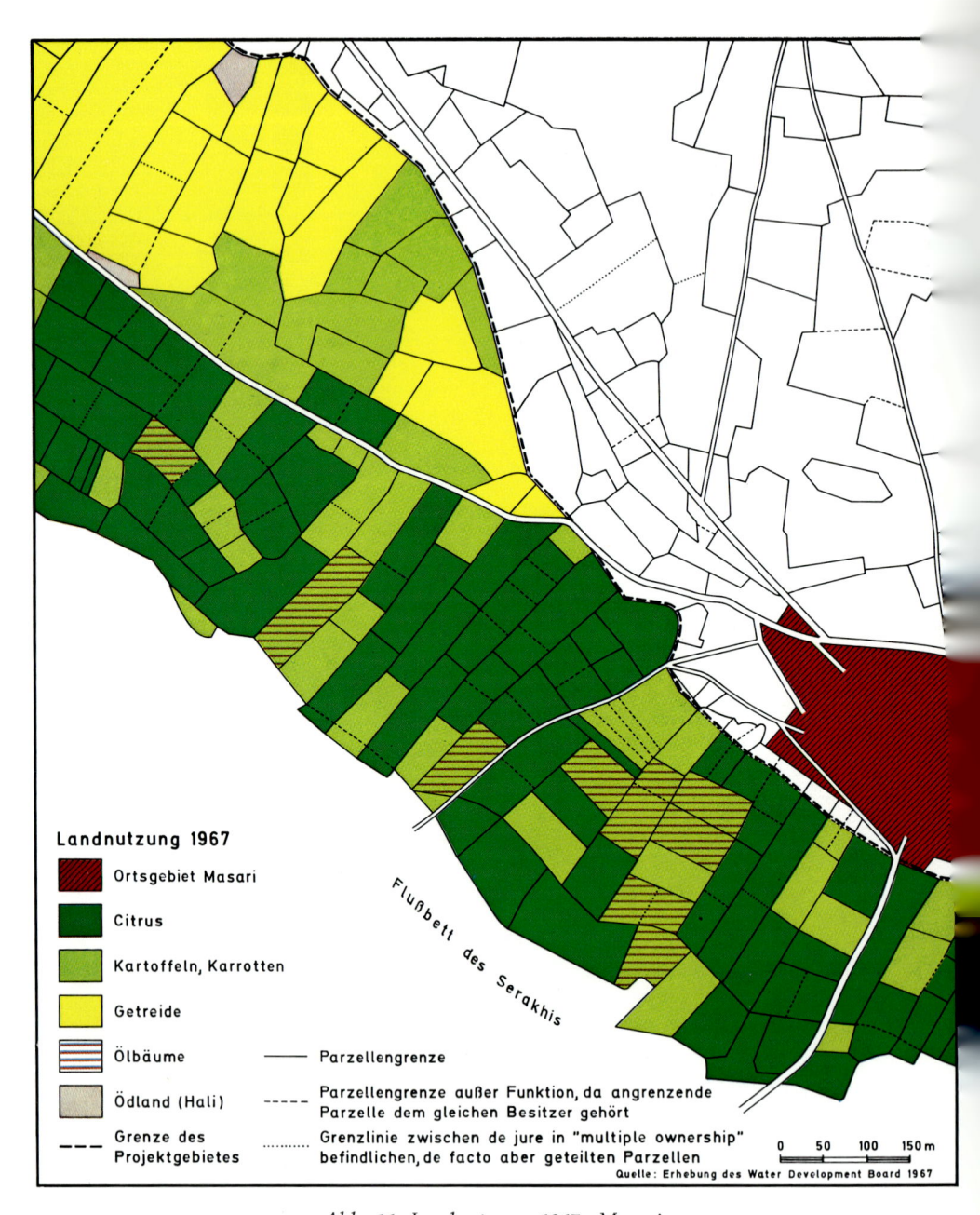

Abb. 16. Landnutzung 1967: Masari

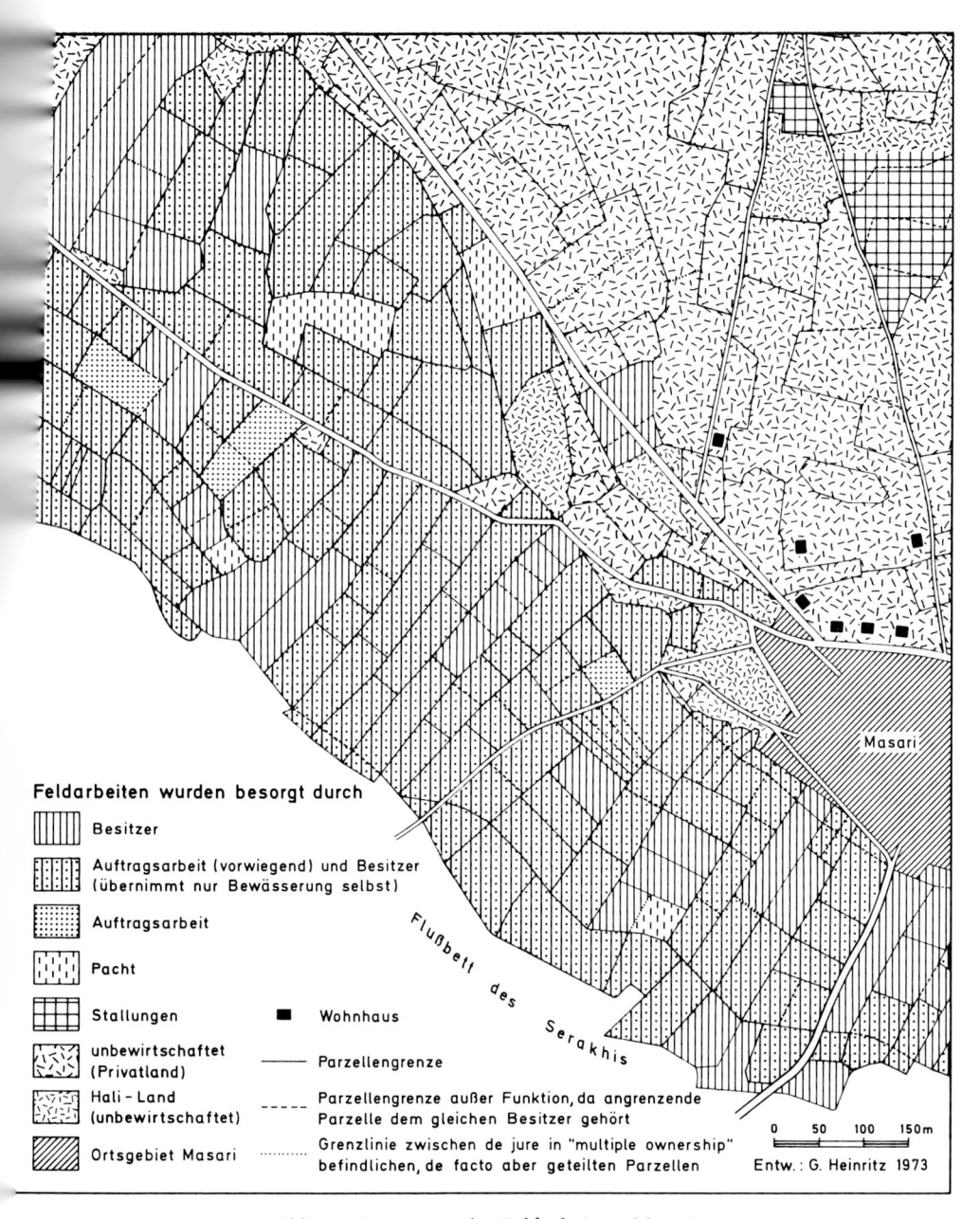

Abb. 17. Besorgung der Feldarbeiten: Masari

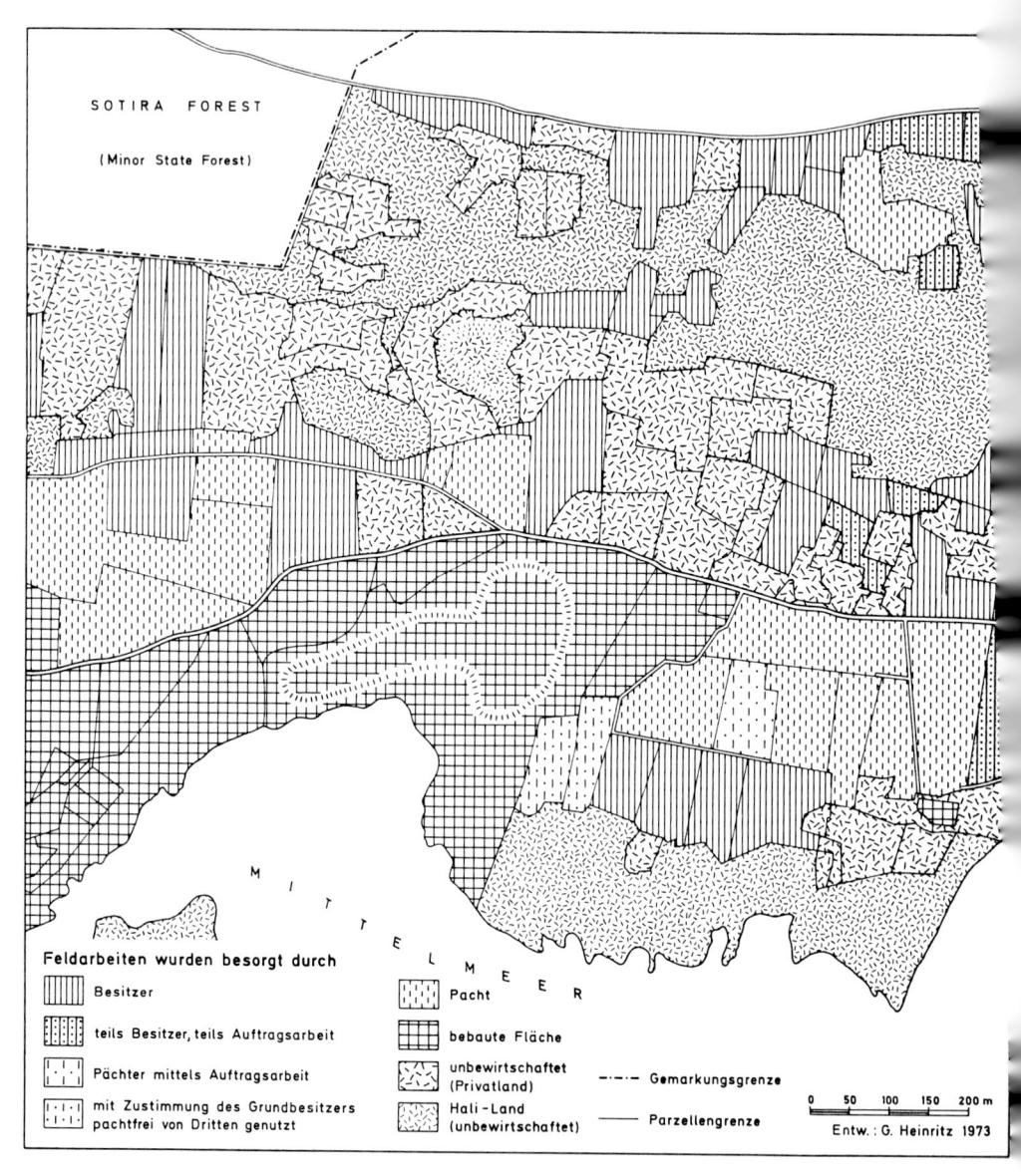

Abb. 18. Besorgung der Feldarbeiten: Ayia Napa

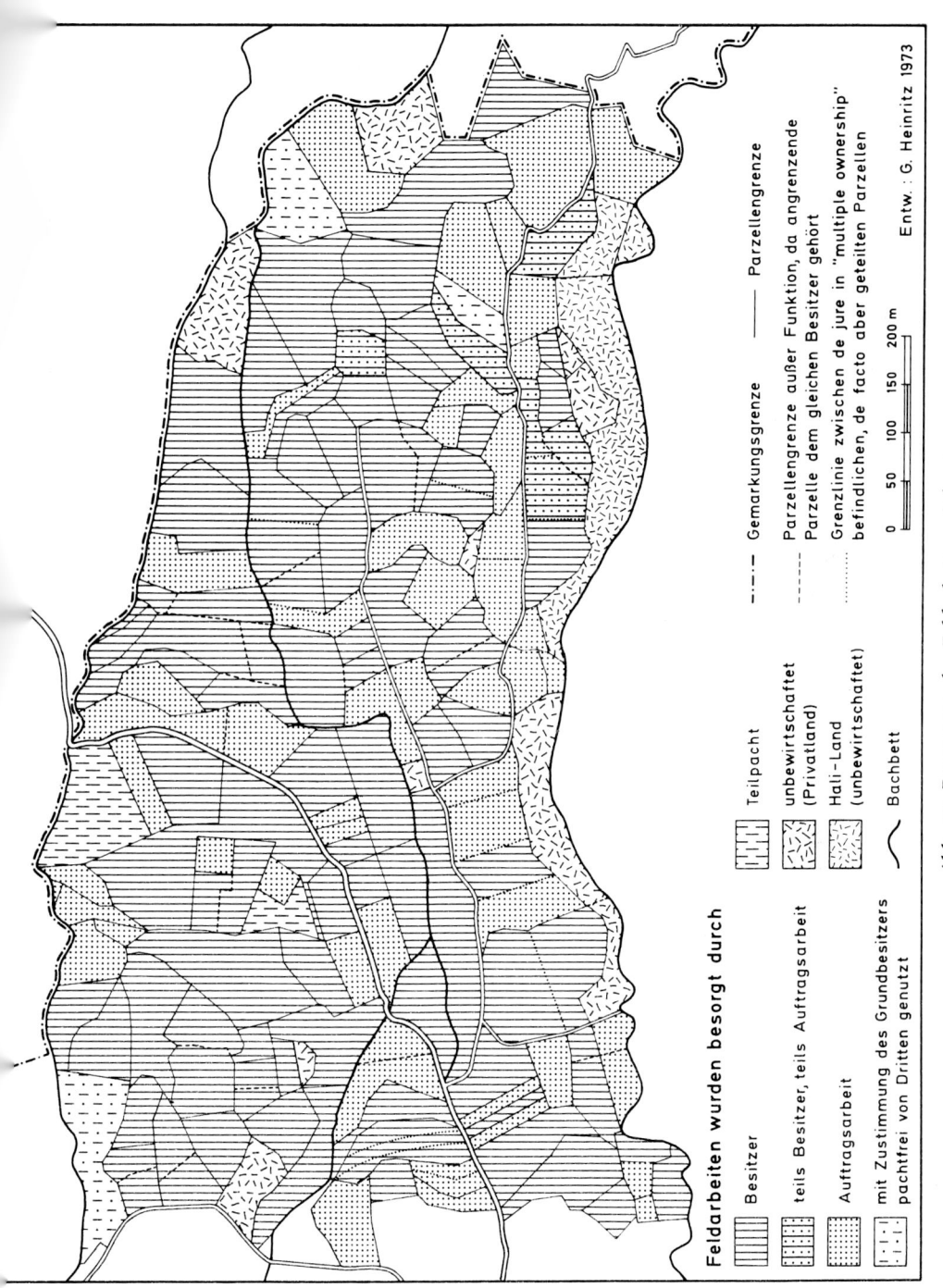

Abb. 19. Besorgung der Feldarbeiten: Salamiou

In solchen Fällen müssen diese auf Wasserkauf angewiesenen Grundbesitzer entweder einen neuen Lieferanten finden oder bei der Regierung unter Hinweis auf ihre gefährdete Zitrusanlage die Genehmigung für eine neue Bohrung beantragen. Sie wird in solchen Fällen fast immer — und ohne Rücksicht auf die Leistungsfähigkeit des Grundwasserkörpers — erteilt werden. Andernfalls ginge der Baumbestand wirklich zugrunde. Dazu ist es in der Gemarkung von Masari freilich noch nicht gekommen. Daß diese Gefahr aber sehr real vorhanden ist, zeigen einige hundert Hektar zerstörter Zitrusanlagen im Raum Famagusta. Angesichts der dort vorhandenen warnenden Beispiele erstaunt es um so mehr, in welcher Geschwindigkeit sich die Zitruskulturen im Raum Morphou ausgebreitet haben.

d) Organisation der Feldarbeiten

Die Anlage einer solchen Baumkultur bedeutet für den Grundbesitzer angesichts der prekären Wasserversorgung nicht nur ein Risiko, sondern zugleich eine erhebliche Investition. Nicht zuletzt bedeutet sie auch einen völligen Ertragsausfall für die ersten fünf Jahre. Da die Bäume ihr volles Produktionsalter erst nach 12 Jahren erreichen, sind erst dann volle Erträge zu erwarten. Familien, die ausschließlich von der Bewirtschaftung ihres Landes leben müssen, könnten eine solche Produktionsumstellung daher nur Zug um Zug durchführen. Zumindest würden sie die Möglichkeit wahrnehmen, während der ersten drei Jahre zwischen den jungen Bäumen zusätzlich eine andere Frucht, etwa Karotten, anzubauen. Ein solches „intercropping" ist agrartechnisch ohne Schwierigkeiten möglich, im gesamten Anbaugebiet aber nur äußerst selten zu finden. Das spricht ebenso wie die Schnelligkeit des Ausbreitungsvorganges dafür, daß unter den Grundbesitzern eine Gruppe, die als Vollerwerbslandwirte anzusprechen wäre, wenn nicht völlig fehlt, so doch nur eine geringe Minderheit darstellt.

Damit stellt sich nun die Frage, von wem und wie die Bewirtschaftung der Anbauflächen besorgt wird, zumal gerade die Agrumenanlagen eine relativ intensive Pflege erfordern. Betrachten wir dazu die im Jahresgang erforderlichen Arbeiten, so ergibt sich folgendes:

(a) Die Gärten müssen häufig — mindestens dreimal jährlich — gepflügt werden. Das geschieht jeweils im März/April, im August und im Oktober durch Einsatz eines Traktors mit rotor-cultivator. Die Arbeit besorgt der Grundbesitzer üblicherweise nicht selbst, sondern vergibt sie als „custom work" gegen Honorar an einen „contractor". Das Pflügen kostet pro ha durchschnittlich Z£ 7,250.

(b) Das Düngen der Parzellen erfolgt mindestens zweimal, nämlich vor Beginn der Ernte, also Anfang Februar, und ein zweites Mal im Oktober, verschiedentlich auch noch ein weiteres Mal im Juli. Diese Arbeit wird ebenfalls etwa seit drei Jahren allgemein auf Vertragsbasis an Schlepperbesitzer vergeben, die für das Ausbringen eines Sackes Düngemittel 200 Mils berechnen. Sie übernehmen auch

(c) das Spritzen von Schädlingsbekämpfungsmitteln, welches mindestens einmal jährlich im Mai erfolgt, bei Bedarf, d. h. bei Auftreten von Schädlingen, natürlich öfter. Für einen 2 t-Tank sind an den Traktorbesitzer Z£ 4,000 zu zahlen.

(d) Das Okulieren ist wiederum ebenso wie das jeweils nach der Ernte erfolgende Ausschneiden der Bäume Sache eines Spezialisten. In Masari ist es z. B. allein der örtliche Feldpolizist, der sich darauf versteht und der die Arbeit gegen Bezahlung für die einzelnen Grundbesitzer übernimmt.

(e) Die von Dezember bis April/Mai während Ernte geschieht nur in sehr kleinen Gärten durch den Grundbesitzer selbst, der dabei häufig von einigen Verwandten unterstützt wird. In den meisten Fällen werden zur Ernte feste Arbeitsmannschaften eingesetzt, die in der Regel aus zwei männlichen und einer wechselnden Zahl weiblicher Arbeitskräfte, zumeist Türkinnen, bestehen.

Solche Erntearbeitsgruppen werden von einem „Unternehmer", sehr oft einem Omnibusbesitzer, für die gesamte Erntesaison zusammengestellt, transportiert, eingesetzt und bezahlt. Die Frauen, deren durchschnittliche Pflückleistung pro Tag etwa 6 000 Früchte beträgt, erhalten dabei einen Tageslohn von Z£ 1,250, auch dann, wenn sie infolge schlechten Wetters nicht arbeiten können, was freilich nicht allzu oft vorkommt. Der Unternehmer, der auch die benötigten Leitern und andere Arbeitsgeräte stellt (nur die Kisten sind meist Eigentum des Händlers, der die betreffende Ernte aufkauft), tritt dem Gartenbesitzer gegenüber als alleiniger Vertragspartner auf und berechnet diesem pro 1 000 gepflückte Früchte Z£ 0,500.

(f) Die einzige Arbeit, die noch häufig vom Grundbesitzer selbst übernommen wird, ist somit die Bewässerung, eine Arbeit, die jeweils über 12 Stunden in Anspruch nimmt und in den Monaten März/April bis November/Dezember etwa alle 30—40 Tage erforderlich ist. Zwar muß die hier noch vorwiegend angewandte Methode der Überflutungsbewässerung als archaisch gelten, doch wird sie nach dem Urteil von FAO-Experten so perfekt angewandt, daß sie in ihrer Effizienz weit moderneren Verfahren, wie der „sprinkler-irrigation" oder der „hose-pipe-irrigation", weitgehend gleichkommt. Sofern diese Arbeit ebenfalls Vertragspartnern übertragen wird — was neuerdings mehr und mehr geschieht —, müssen diese als Spezialisten relativ teuer bezahlt werden, wobei Löhne von Z£ 7,250 und mehr pro ha bezahlt werden.

Die Bewirtschaftung der Zitrusgärten ist also derart organisiert, daß der größte Teil der Arbeit nicht vom Grundbesitzer selbst besorgt wird, sondern als „custom work" auf Honorarbasis vergeben wird.

Allein die Landeigentümer, die zugleich einen Traktor besitzen, übernehmen, wie Abbildung 17 ausweist, sämtliche Feldarbeiten selbst; alle anderen, auch die am Ort oder in einer Nachbargemeinde wohnenden Grundbesitzer mit geringer beruflicher Qualifikation, bearbeiten ihr Land nicht mehr selbst. Doch auch die Traktorbesitzer, von denen es in Masari insgesamt 7 gibt, beziehen den größeren Teil ihres Einkommens aus ihrer Vertragsarbeit und nicht aus der Bewirtschaftung eigenen Landes. Auch sie sind also nicht ohne jede Einschränkung als „Vollerwerbsbauern" zu bezeichnen.

Der erste Traktor kam erst relativ spät nach Masari; denn erst 1957 kaufte der heutige Muhktar des Ortes, der damals im Haupterwerb ein Malergeschäft mit einigen Gehilfen und Lehrlingen betrieb, einen gebrauchten Schlepper, der ihm als günstige Gelegenheit von einem Verwandten angeboten worden war. Der Kauf eines — damals noch recht seltenen — Traktors geschah von vornherein in der Absicht, ihn für Lohnarbeit einzusetzen. Die Schlepper wurden damals nur zum Pflügen eingesetzt; da sie aber erheblich billiger arbeiteten als die bis dahin erforderlichen Ochsengespanne, stieß ihre Einführung auf keine Schwierigkeiten.

Es ist bemerkenswert, daß es neben einigen begüterten Landwirten sehr oft kapitalschwache, aber unternehmungsfreudige Leute in den Dörfern waren, die sich zur Anschaffung eines Traktors entschlossen und erst durch die damit durchgeführte Vertragsarbeit ihre wirtschaftliche Stellung verbessert haben. Seltener kam es zum gemeinschaftlichen Kauf durch mehrere Bauern. Nicht jeder Schlepperbesitzer verfügt auch über alle für einzelne Arbeiten erforderlichen Zusatzgeräte; doch erhält er sie ohne Schwierigkeiten von einem anderen ausgeliehen, obwohl die Zahl der Traktorbesitzer, die sich um Arbeitsaufträge bemühen, kräftig angestiegen und die Konkurrenz um Aufträge daher sehr gewachsen ist. Dabei ist es in der Regel so, daß von eigentlicher Stammkundschaft — von wenigen Verwandten abgesehen — kaum die Rede sein kann. Das Kafeneion des Ortes erfüllt auch bei den zwischen Landeigentümern und Schlepperbesitzern nötigen Absprachen seine traditionelle Funktion als wichtiges Kommunikationszentrum in der Gemeinde.

C. Formen der Bewirtschaftung von Grundbesitz

1. *Selbstbewirtschaftung: Eigenarbeit, Vertragsarbeit und „management farming"*

Im Gegensatz zu den Verhältnissen, wie sie noch nach dem Zweiten Weltkrieg in Zypern anzutreffen waren, bearbeiten heute nur noch relativ wenige Grundbesitzer ihre Felder eigenhändig. Nicht nur im Agrumenbau, auch im übrigen Ackerbau überwiegen die Parzellen, die von ihrem Besitzer zwar bewirtschaftet, aber nicht mehr selbst bestellt werden. Dabei gibt es hinsichtlich des Anteiles der eigenen Arbeitsleistung und des mit der Bewirtschaftung verbundenen Engagements des Grundbesitzers eine Vielzahl von unterscheidbaren Abstufungen.

Zur Gruppe der ihre Felder selbst bearbeitenden Grundbesitzer gehören vor allem noch die Bauern, die in den Gebirgsdörfern der Distrikte Paphos und Limassol meist in wirtschaftlich recht kümmerlicher Lage leben, zumal ihre Weinfelder in den meisten Fällen maschinell ohnedies nicht bearbeitbar sind. In den Gebieten, in denen der Trockenfeldbau nicht durch die Reliefverhältnisse erschwert wird, sind es eigentlich pro Dorf jeweils nur noch die Besitzer von Traktoren, die ihre eigenen Felder selbst bearbeiten. Ähnliches gilt auch für die Bewässerungsanbaugebiete; lediglich dort, wo zur Verfütterung an eigene Tierbestände Luzerne oder wo Gemüse angebaut wird, liegt der Anteil der Grundeigentümer, die ihre Felder selbst bestellen, etwas höher.

Ansonsten ist es sowohl im Trockenfeld- wie im Bewässerungsanbau üblich, daß alle mechanisierbaren Arbeiten — bei Zitrusanbau auch die Ernte — an einen „contractor" vergeben werden. Die übrigen Arbeiten, insbesondere die Bewässerung, werden dagegen noch oft vom Grundbesitzer selbst durchgeführt. Je nach den Einkommensverhältnissen des Grundbesitzers kann dabei die Motivation für die eigene Arbeit sehr unterschiedlich sein. So sieht mancher der in Nicosia oder Famagusta lebenden Regierungsbeamten, Ärzte oder Rechtsanwälte in der Arbeit im eigenen Zitrusgarten bzw. in der eigenen Obstanlage eine willkommene Ausgleichsbeschäftigung. Er verrichtet so die nötigen Arbeiten quasi als Hobby, während für Angehörige niedriger Einkommensgruppen die durch eigene Arbeit möglichen Einsparungen an Kosten im Vordergrund stehen.

Wenn das betreffende Grundstück nicht sehr viel weiter als eine Autostunde vom Wohnort des Besitzers entfernt liegt, findet man oft, daß ein Grundbesitzer nur noch das mit der Bewirtschaftung verbundene Management, aber keine eigene Arbeit mehr auf dem Grundstück selbst übernimmt. In diesem Fall trifft der Grundbesitzer also nur noch die Entscheidung, was angebaut wird, wann gepflügt, womit gedüngt oder wie bewässert werden soll usw. Er verpflichtet für jeden Arbeitsvorgang einen geeigneten „contractor", dessen Arbeit er kontrolliert und bezahlt, und er übernimmt schließlich auch den Verkauf der Ernte. Solches „management farming" ist nicht nur im Bewässerungsanbau, sondern vor allem im Trockenfeldanbau, d. h. im Getreideanbau, sehr verbreitet, schon deshalb, weil hierbei keine nicht-mechanisierbaren Arbeiten übrigbleiben, die der Grundbesitzer eigenhändig ausführen könnte. Freilich setzt diese Art der Landbewirtschaftung voraus, daß der Grundbesitzer relativ leicht seine Felder erreichen kann und selbst ausreichende Kenntnisse über Anbautechniken usw. besitzt.

In Fällen, wo eine dieser beiden Voraussetzungen nicht gegeben ist, kann das zu einer anderen Verhaltensvariante des Grundbesitzers führen. Sie besteht darin, daß er lediglich eine Vertrauensperson mit dem Management der Bewirtschaftung beauftragt. Das ist in der Regel ein am Ort oder in der Nähe lebender Verwandter, der gegen eine fixe Entschädigung (nicht etwa gegen Ertragsbeteiligung!) dafür sorgt, daß die betreffende Parzelle durch Einsatz von bezahlten Vertragspartnern bearbeitet wird. Der Beauftragte des Grundstückseigentümers übernimmt also nur die oben beschriebenen Management-Funktionen.

Die eben geschilderte Organisation der Nutzung einer Parzelle, bei der sich der Grundbesitzer nur mehr in sehr geringem Maße selbst engagiert, ist in Zypern in erheblichem Umfang an die Stelle der früher stärker verbreiteten Teilpacht getreten. Im Unterschied aber zu Teilpachtverhältnissen, bei denen die Ernte zwischen dem Grundbesitzer und dem Pächter geteilt wird, liegt hier das unternehmerische Risiko noch voll beim Grundbesitzer. Verständlicherweise wird davon vor allem dann Gebrauch gemacht, wenn dieses unternehmerische Risiko gering ist und mit hohen Erträgen gerechnet werden kann, also vor allem im Bewässerungsanbau.

2. Teilpacht, Pacht und geduldete Nutzung durch Dritte

Die Teilpacht, die noch um die Jahrhundertwende in Zypern recht verbreitet war, ist seit der 1928 durch die englische Verwaltung verfügten Abschaffung der Besteuerung der Ernte stetig zurückgegangen, da nun den meist ortsabwesenden Grundbesitzern keine vertrauenswürdige Basis zur Feststellung des zu teilenden Ernteertrages mehr zur Verfügung stand. Sie zogen es daher vor, das bis dahin bestehende Teilpachtverhältnis in einen auf eine fixe Geldsumme lautenden Pachtvertrag umzuwandeln.

Beim Zensus von 1946 ergab sich noch ein Anteil der in Teilpacht vergebenen Fläche an der gesamten landwirtschaftlichen Nutzfläche von 6,2 % (CHRISTODOULOU 1959, S. 81), der bei der Zählung von 1960 auf ca. 3,5 % zurückgegangen war (Census 1960, Bd. 6, S. 8). In einer eigenen Stichprobenerhebung ermittelte das Statistics and Research Department 1972, daß nur mehr 1,9 % der Fläche in Teilpacht bewirtschaftet werden (Agricultural Survey 1972, S. 32).

Teilpacht findet sich heute vor allem noch in den Weinbaugebieten im Paphos-Distrikt, den wir schon mehrfach als besonders traditionellen und rückständigen Raum gekennzeichnet hatten. Dort werden auch heute noch manche Weinfelder, wie das Kartierungsbeispiel Salamiou zeigt, in Teilpacht bewirtschaftet.

Geldpachtflächen sind dagegen — vor allem im Trockenfeldbau — häufiger zu finden, obwohl das System des management farming zweifellos dazu beiträgt, daß der Umfang des zur Pacht angebotenen, privaten Besitzern gehörenden Landes relativ begrenzt ist. Dagegen wird das landwirtschaftlich nutzbare Land, das der Kirche gehört bzw. Vaqf-Eigentum ist (1960 insgesamt ca. 29 000 ha) fast vollständig verpachtet. 1972 waren so insgesamt 9,7 % der landwirtschaftlichen Nutzfläche in Zypern Pachtland (1946: 9,9 %; 1960: 11,9 %).

Die Laufzeiten der Pachtverträge sind selten länger als zwei Jahre. Angesichts solch kurzer Pachtdauer verwundert es nicht, wenn kein Pächter bereit ist, langfristig sinnvolle und notwendige Investitionen zur Erhaltung der Bodenfruchtbarkeit oder ähnliches auf seine Kosten vorzunehmen. Von ausländischen Beratern wie von den eigenen Experten im Landwirtschaftsministerium wurde das Fehlen jeglicher das Pachtwesen betreffender Gesetzgebung wiederholt beklagt; hier forderte man zum Beispiel — bisher freilich vergeblich —, längere Mindestpachtzeiten oder eine Entschädigungspflicht des Verpächters für vorgenommene Investitionen durch den Pächter gesetzlich festzulegen.

Langfristig verpachtet wird derzeit fast nur das im Staatsbesitz befindliche Land, bei dem Pachtverträge von 5 bis 10 Jahren Dauer üblich sind. Bei einem großen Teil des staatlichen Pachtlandes handelt es sich um ehemals türkischen Großgrundbesitz („chiftliks"), der erst 1948 im Distrikt Paphos verstaatlicht und auf dem Weg der langfristigen Pacht an knapp 400 Bewohner der umliegenden Dörfer vergeben wurde.

Grundstücke in Privatbesitz, die weder selbst bearbeitet oder bewirtschaftet noch in Teilpacht oder als Pachtland vergeben werden, müssen dennoch nicht unbedingt wüst fallen, sondern bleiben oft mit Wissen und stillschweigender Duldung der ortsabwesenden Grundbesitzer deren Verwandten unentgeltlich zur Nutzung überlassen. Insbesondere in den Abwanderungsgebieten ist häufig festzustellen, daß etwa ein zurückbleibender Vater, Bruder oder Schwager, manchmal auch ein entfernterer Verwandter den Grundbesitz des Abgewanderten weiter bewirtschaftet, ohne dafür dem Grundbesitzer einen Anteil der Ernte zu überlassen oder ihm Pacht zu bezahlen. Das geschieht vor allem dann sehr oft, wenn es sich um Besitz in „undivided shares" oder um ertragsschwache Parzellen handelt.

In Bewässerungsanbaugebieten dagegen ist eine kostenlose Überlassung der Nutzung recht ungewöhnlich, selbst zwischen engen Verwandten wird hier abgerechnet. Hinzu kommt, daß in diesen Gebieten die Abwanderung ohnedies sehr viel geringer ist.

Die unentgeltliche Überlassung von Anbauflächen ist — bemerkenswert genug — für die Zurückbleibenden und die wirtschaftlich schwächeren Familienangehörigen eigentlich die einzige Form an Unterstützung, die sie von Abwanderern und wirtschaftlich besser gestellten Familienmitgliedern erfahren. So sehr überall in Zypern ein ausgesprochen intakter Familiensinn zu beobachten ist, ja dem einzelnen Zyprer meist auch noch ein Vetter dritten Grades namentlich bekannt ist, so sehr ist dieser Familiensinn doch nur ideeller Art. Die wirtschaftliche Einheit ist die Kleinfamilie: Eltern und Kinder. Sie trachtet, ihren Besitz zu erhalten und zu vermehren. So sieht man im Dorf-Kafeneion neben dem erfolgreichen Rechtsanwalt, der mit seinem eigenen Mercedes angekommen und dessen Maßanzug aus feinstem englischen Tuch gearbeitet ist, nicht selten seinen eben vom Feld gekommenen Bruder in der traditionellen „vraka" sitzen.

3. Nichtnutzung: Wüstung und Sozialbrache

Schließlich gibt es auch umfangreiche Flächen, die weder von ihrem Eigentümer noch von irgend jemand sonst ackerbaulich genutzt werden. In der Statistik erscheint schon 1961 für solche „neglected private holdings" mit 152 000 ha ein überaus hoher Wert, bei dem freilich zu berücksichtigen ist, daß hier auch Flächen mitgezählt worden sind, die niemals als Acker bewirtschaftet werden konnten.

Daneben läßt sich aber auch nicht übersehen, daß in zunehmendem Maße bislang ackerbaulich genutztes Land aus der Bewirtschaftung genommen wird. Wie unsere Kartierungsbeispiele illustrieren, handelt es sich vor allem um Flächen, die infolge ungünstiger Bodenverhältnisse nur unterdurchschnittliche Erträge bringen und nicht oder nur schwer mechanisiert zu bearbeiten sind. Vor allem im Gebirge ist schon ein erheblicher Teil des bislang bewirtschafteten Landes heute unbewirtschaftet, wobei hier die Sortierung nach Bodenbonität und Bearbeitbarkeit besonders klar in Erscheinung tritt. Man wird das zweifellos eher als Wüstungsvorgang denn als Sozialbracherscheinung ansprechen müssen. Als eine unmittelbare Folge der geschilderten Abwanderung und Überalterung der Bevölkerung in den gebirgigen Teilen der Insel handelt es sich hier wahrscheinlich nicht um eine Übergangserscheinung, also nur um ein vorübergehendes Brachfallen, sondern um die dauerhafte Aufgabe von Grenzertragsböden.

4. Die Bedeutung der Vertragsarbeit

Fassen wir die Ergebnisse der vorhergehenden Ausführungen zusammen, so können wir feststellen, daß bei der Organisation der Bewirtschaftung landwirtschaftlicher Flächen ein enormer Fächer von Möglichkeiten für den Grundbesitzer vorhanden ist. Er reicht von der ausschließlichen Eigenbearbeitung über die von Contractorarbeit unterstützte Selbstbearbeitung, das Management Farming in eigener oder an einen Vertrauensmann delegierter Verantwortung, die traditionelle Teilpacht oder Pacht, die kostenlose Überlassung der Nutzung einer Parzelle an interessierte Verwandte bis zur völligen Aufgabe der Nutzung. Gerade ein solch breiter Fächer abgestufter Engagements des Landbesitzers, der noch eine Vielzahl von kleineren Varianten und Modifikationen aufweist, läßt den Versuch, eine Typologie der landwirtschaftlichen Betriebe in Zypern aufzustellen, fast hoffnungslos erscheinen.

Doch ist bei aller Vielfalt festzustellen, daß der Einsatz von „custom work", d. h. Honorararbeit in der Landbewirtschaftung — nicht nur im Bewässerungsanbau, sondern in allen Anbaugebieten —, eine entscheidende Rolle spielt.

Gerade in den Dörfern der Mesaoria, deren Fluren traditionellerweise fast ausschließlich in einer Getreide-Brache-Rotation bewirtschaftet werden, bedeutet aber der Einsatz von Traktoren und Mähdreschern in Lohnarbeit, daß die einer Mechanisierung hinderliche Zersplitterung des Grundbesitzes dadurch weitgehend überspielt wird. Der Contractor, der den Auftrag erhalten hat, ein bestimmtes Feld z. B. zu pflügen, kennt selbstverständlich die Besitzer der an dieses Feld angrenzenden Parzellen und weiß, ob auch sie ihr Land durch Vertragspartner bewirtschaften lassen. Trifft das zu, so wird er sich in der Regel darum bemühen, auch für ihre Felder die Pflugarbeiten übertragen zu erhalten. So bearbeitet ein Schlepper in einem Arbeitsgang oft einen ganzen Komplex benachbarter Parzellen im Auftrag der betreffenden Besitzer. Die ungenügende Größe, Form und Zugänglichkeit der Einzelparzelle spielt für die mechanisierte Feldarbeit in solchen Fällen keine Rolle mehr. Die Bedeutung der Parzellen reduziert sich im Extremfall vielmehr auf die Funktion, den Anteil eines Grundbesitzers am Ertrag bestimmen zu können.

Freilich werden die meisten Parzellen je für sich bewirtschaftet. Doch auch dabei liegen die für die Anfahrt zu kalkulierenden Zeitverluste weit unter denen, die theoretisch zu erwarten wären; denn jeder der als Contractor tätigen Schlepperbesitzer bearbeitet jeweils die in der Nähe liegenden Grundstücke unmittelbar nacheinander. Da der Getreideanbau — freilich nur infolge hoher Preissubventionen — dem Grundbesitzer auf die beschriebene Weise wenigstens in Jahren mit ausreichendem Niederschlag immer noch mühelos Erträge bringt, liegt darin mit Sicherheit ein wichtiger Grund für die Tatsache, daß sich im Bereich der Mesaoria bis heute fast keine Sozialbrach- bzw. Wüstungserscheinungen finden lassen. Auch in den Weinbaugebieten im gebirgigen Hinterland von Limassol und Paphos wird das Wüstfallen größerer Flächen, die heute noch als Weinberge bewirtschaftet werden, gegenwärtig nur durch eine aufwendige Subventionierung verhindert.

5. Non-farmer als Landbewirtschafter

Wir haben in der Einleitung bereits darauf hingewiesen, daß im Bewässerungsanbau im Unterschied zum Trockenfeldanbau Produktivität und Gewinne im Verlauf der letzten 12 Jahre ganz wesentlich gestiegen sind. Der Schere, die sich hier zwischen beiden Anbauformen aufgetan hat, kam für die am Grundbesitz beteiligten Gruppen freilich sehr unterschiedliche Bedeutung zu. Die „non-farmers" sind nämlich von der geringeren Produktivität im Trockenfeldanbau in ihrer Existenz kaum betroffen, weil sie von ihrem agrarischen Engagement ja nicht abhängig sind. Der gute Erträge abwerfende Bewässerungsanbau aber ist fast ausschließlich ihre Sache. Mit anderen Worten: Die Fortschritte der agrarischen Produktion des Landes sind nicht Fortschritte der bäuerlichen Bevölkerung Zyperns, sondern sie kommen sozialen Gruppen zugute, für die Gewinne aus der Landbewirtschaftung nur eine zusätzliche, keineswegs die entscheidende Einnahme bedeuten. Die Erträge aus einem Agrumengarten ermöglichen so z. B. auch einem ungelernten Arbeiter Anschaffungen, die sonst außerhalb seiner finanziellen Möglichkeiten liegen würden. Sie tragen so zu einem Lebensstandard bei, dessen erstaunliche Höhe wir bereits in der Einleitung dargestellt haben.

Darüber freilich darf man nicht übersehen, daß der größte Teil der eigentlich bäuerlichen Bevölkerung — zumindest relativ — zurückfällt. Diese „farmer" verfügen weder über das für größere Investitionen erforderliche Kapital, noch sind sie infolge ihres geringeren Bildungsstandes fähig zu erkennen, welche Möglichkeiten und Chancen sich ihnen bei den gegebenen physisch-geographischen Rahmenbedingungen und angesichts der Nachfragesituation auf den Märkten bieten würden. Vor einem solchen sozioökonomischen Hintergrund freilich wird die Effizienz aller staatlichen Bemühungen um Unterstützung der bäuerlichen Bevölkerung sehr zurückhaltend beurteilt werden müssen. Die agrarpolitischen Maßnahmen der Regierung richten sich ja nicht gezielt auf die soziale Gruppe, deren Existenzgrundlage noch immer die Landwirtschaft ist und die wirksamer Hilfe zum größten Teil tatsächlich bedürfte. Vielmehr kommen die für den Agrarbereich aufgebrachten öffentlichen Mittel, etwa bei der Förderung des Bewässerungsanbaues, in großem Umfang sozialen Gruppen zugute, die aus der Landwirtschaft nur ein zusätzliches Einkommen beziehen, auf das sie nicht angewiesen sind.

III. Der Bodenmarkt

A. Fragestellung und Materiallage

Angesichts der zuletzt beschriebenen Problematik erhebt sich natürlich die Frage, wie es zu einem solch hohen Anteil von „non-farmers" in der Landbewirtschaftung gekommen ist. Da für Zypern viele der aufgezeigten Probleme heute aus der dargestellten Struktur des Grundbesitzes resultieren, ist es von entscheidender Wichtigkeit, alle sich hier anbahnenden und vollziehenden Wandlungen sorgfältig zu verfolgen. Geht etwa, so ist zu fragen, der Anteil der „non-farmers" am Besitz landwirtschaftlicher Nutzflächen zurück? Wie wirkt sich die wirtschaftliche und soziale Entwicklung, die Zypern während der vergangenen 20 Jahre erfahren hat, auf die Grundbesitzstruktur und Landnutzung, auf Bodenmarkt und Bodenpreise aus? Inwiefern wirken traditionelle Formen bodenbezogenen Verhaltens auch in der Gegenwart fort?

Ein aus agrargesellschaftlicher Zeit stammendes Verhaltensrelikt, dem in der Gegenwart noch eine erstaunliche Wirkungskraft innewohnt, stellt zweifellos die Sitte dar, den Grundbesitz der Eltern noch zu deren Lebzeiten gleichmäßig an die Kinder aufzuteilen. Von der besitzersplitternden

Wirkung dieses Verhaltens war bereits die Rede; hier soll nur noch einmal hervorgehoben werden, daß es — von einer zahlenmäßig unbedeutenden Oberschicht abgesehen — auch heute noch in ganz Zypern die Regel ist. Sehr klar geht das auch aus unseren Kartierungsbeispielen hervor (Abbildung 20, 21 und 22). Schon auf den ersten Blick fällt auf, daß die Flächen, die im Rahmen des Mitgiftsystems als Schenkung in den Besitz des jetzigen Eigentümers gekommen sind, weitaus überwiegen. Demgegenüber ist die Zahl der vererbten Grundstücke nicht nur geringer, es handelt sich bei diesem von den Eltern zu ihren Lebzeiten zurückgehaltenen Land auch oft nur um besonders kleine Parzellen geringer Bonität.

Die Zahl der Grundstücke, die von ihrem derzeitigen Besitzer durch Kauf erworben worden sind, liegt in allen Kartierungsbeispielen durchweg erheblich unter der Zahl der vererbten oder geschenkten Parzellen. 1972 haben laut Auskunft des zyprischen Grundbuchamtes mehr als 35 000 Grundstücke ihren Besitzer gewechselt, davon nur 15 000 durch Kauf.

Bei genauerem Betrachten der Karten fällt auf, daß in Salamiou während der letzten zehn Jahre weniger Land verkauft bzw. gekauft wurde als in der Zeit davor, während dies sich in Ayia Napa offenbar umgekehrt verhält. In Masari dagegen werden Grundstücke, die auf der landwirtschaftlich kaum zu nutzenden Kafkallafläche liegen, erst in jüngerer Zeit verkauft; der Kauf von Flächen auf der Flußterrasse, auf der seit je der Schwerpunkt des Anbaues gelegen hat, scheint dagegen seltener geworden zu sein.

Solche Beobachtungen, die zunächst in keiner Weise allgemeine Aussagen begründen können, sind immerhin geeignet, unsere Aufmerksamkeit auf den Bodenmarkt in Zypern zu lenken. Seine Untersuchung steht aber leider noch aus. Auch die vorliegende Arbeit wird eine exakte Darstellung des Bodenmarktes in Zypern schuldig bleiben müssen, da die zu einer genauen Analyse erforderlichen Verkaufsakten zwar in Nicosia vorliegen, die Einsicht in diese Akten aber — fast erwartungsgemäß — nicht genehmigt wurde. So mußte auch hier unter weitgehendem Verzicht auf exakte Statistik versucht werden, auf Grund eigener Erhebungen und zahlreicher Befragungen von Rechtsanwälten, Grundstücksmaklern und vor allem Grundstücksbesitzern zu Aussagen über den Bodenmarkt zu kommen. Angestrebt wird dabei ein wenn schon nicht exakt quantifiziertes, so doch in der Größenordnung und qualitativ richtiges Bild a) über den Umfang des Bodenmarktes, b) über die als Käufer und Verkäufer auftretenden sozialen Gruppen und deren jeweilige Motivationen und nicht zuletzt c) über geforderte und bezahlte Bodenpreise.

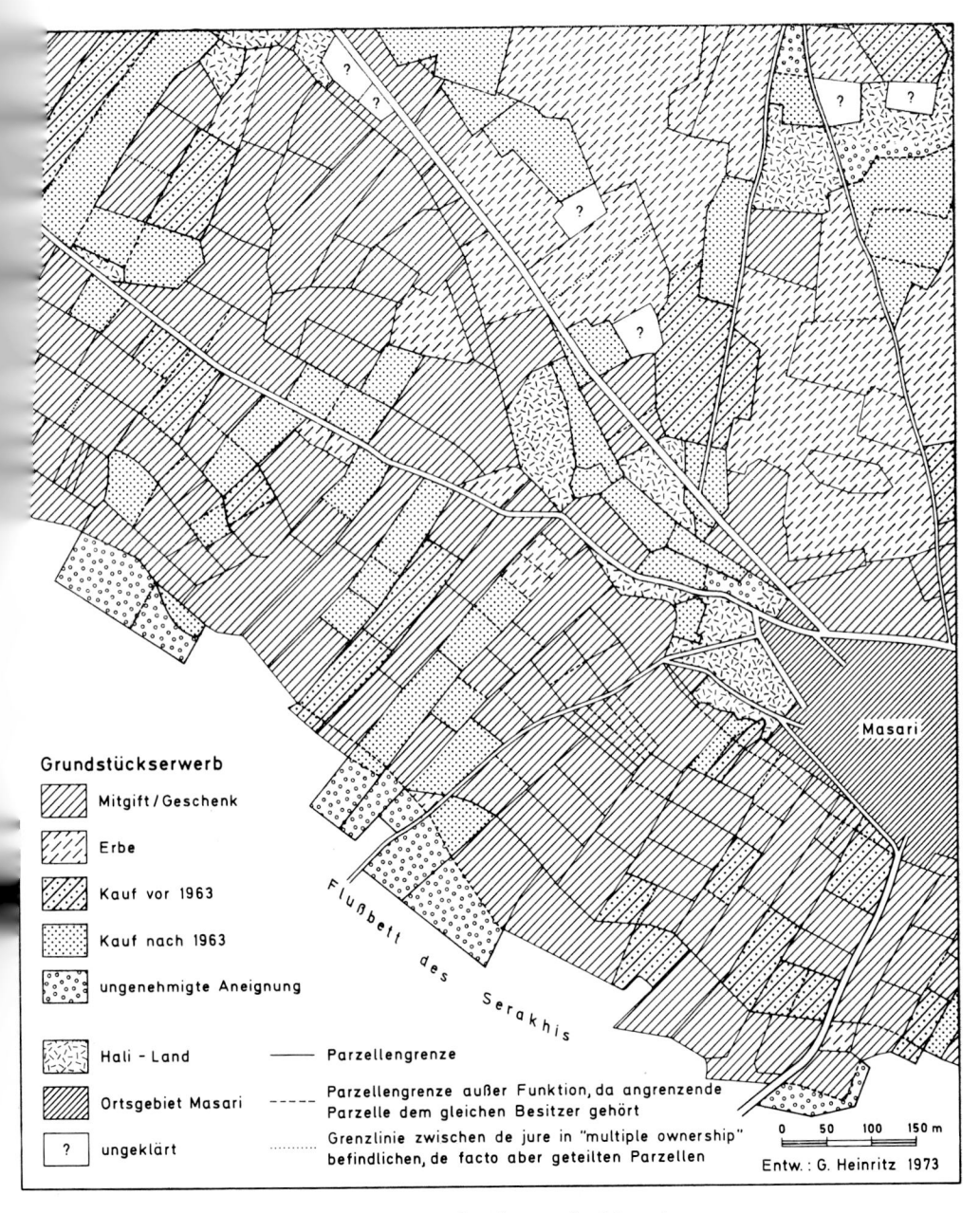

Abb. 20. Grundstückserwerb: Masari

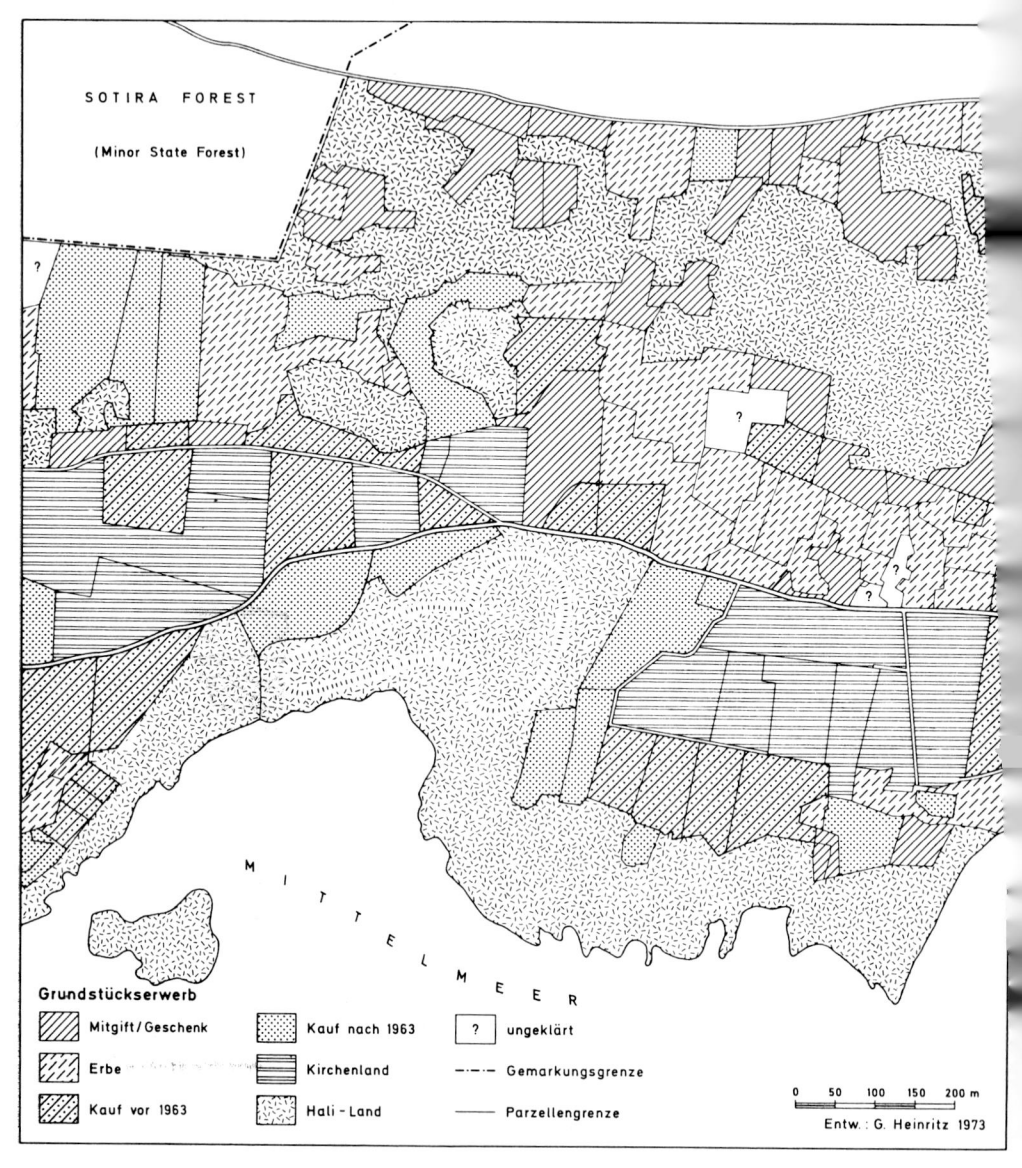

Abb. 21. Grundstückserwerb: Ayia Napa

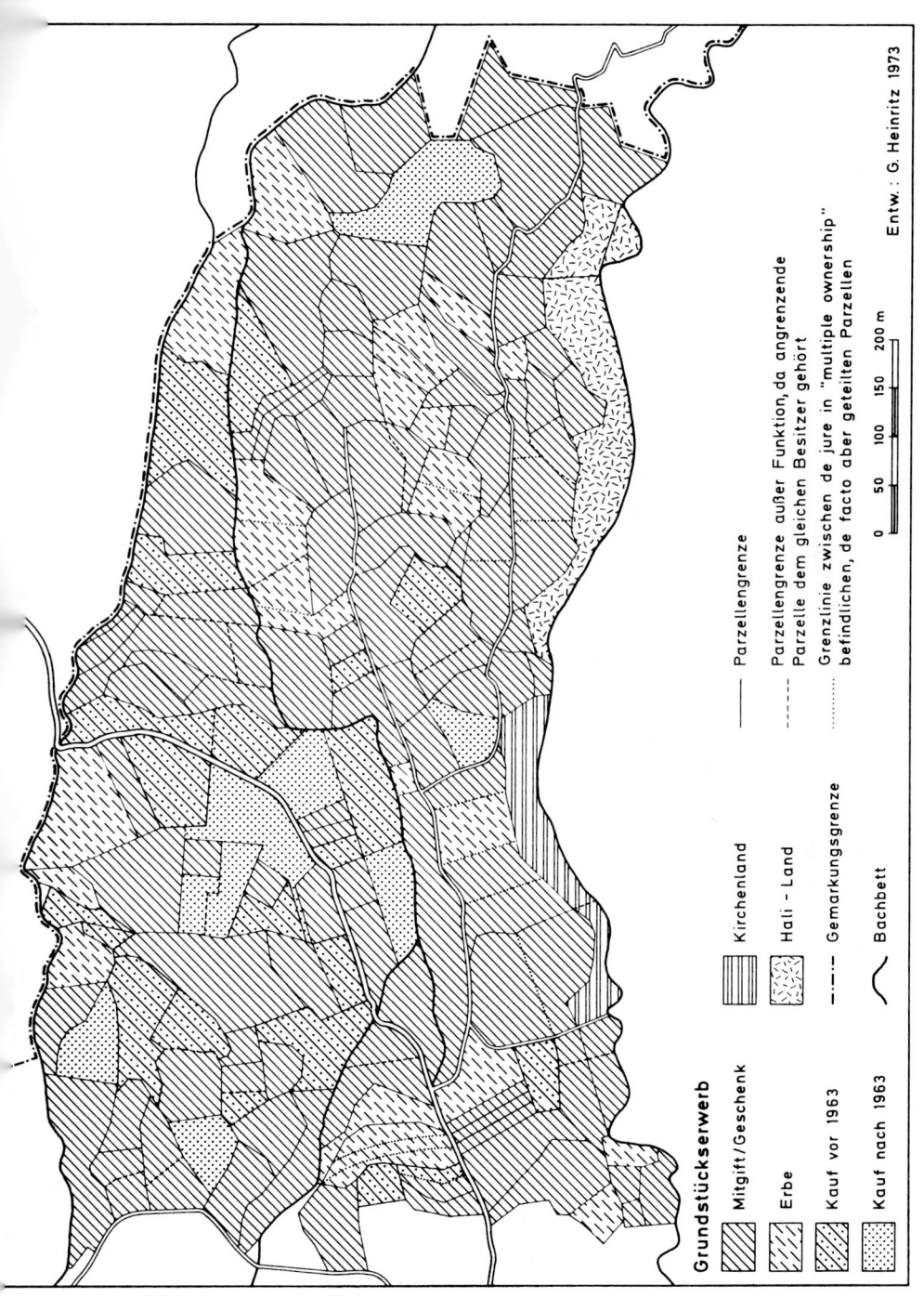

Abb. 22. Grundstückserwerb: Salamiou

B. Landverkäufe 1965 bis 1972

In welch hohem Maße bei einer Untersuchung des Bodenmarktes in Zypern regionale Differenzierungen zu erwarten sind, deutet schon Tabelle 7 an, in der für die Jahre 1965, 1969 und 1972 die Zahl der Transaktionen und die dafür gezahlten Summen nach Bezirken zusammengestellt sind. Freilich wird hier der Begriff „Land" sehr pauschal verstanden und nicht einmal zwischen agrarischem und nichtagrarischem Bodenmarkt unterschieden. Aber selbst eine solche Differenzierung nach den Kategorien „landwirtschaftliche Nutzfläche" und „nichtlandwirtschaftliche Nutzfläche", d. h. Bauland bzw. Bauerwartungsland, wäre für die Erfassung der tatsächlichen Verhältnisse immer noch viel zu grob.

Trotzdem werfen die in der Tabelle zusammengestellten Daten doch ein in mancher Hinsicht interessantes Licht auf das Geschehen am Bodenmarkt Zyperns. Zunächst einmal fällt auf, daß die Zahl der Verkaufsfälle 1972 weitaus höher liegt als 7 Jahre zuvor, die 1969 erzielten Werte jedoch drei Jahre später nicht mehr erreicht werden. Stetig und sehr viel steiler verläuft dagegen die Kurve der Bodenpreise nach oben, wie die Kaufpreissummen für die Jahre von 1965 bis 1972 beweisen (s. Abb. 23). So werden 1972 nicht weniger als 25 Mill. Z£ für den Kauf von Grundstücken ausgegeben. Das ist mehr als das Fünfeinhalbfache des Umsatzes von 1965, obwohl die Zahl der Verkaufsfälle 1972 „nur" um 40 % höher liegt als 1965!

Besonders interessant aber sind die in der Tabelle deutlich erkennbaren regionalen Unterschiede hinsichtlich der Zahl der vorgekommenen Verkäufe und des Bodenpreisniveaus. Eindrucksvoll ist hier vor allem die Dynamik des Bodenmarktes im Bereich der Nordküste, übertrifft doch der Distrikt Kyrenia mit seinen Steigerungsraten deutlich alle anderen Bezirke. Umgekehrt zeigt der Distrikt Paphos als einziger einen leichten Rückgang der Landverkäufe, auch liegt er hinsichtlich des durchschnittlichen Kaufpreises wie hinsichtlich des Gesamtumsatzes unter allen Bezirken an letzter Stelle.

Wir werden auf die Gründe, die zu solchen Unterschieden führen, noch näher einzugehen haben. Hier sei zunächst nur festgehalten, daß sowohl die besonders hoch bewerteten Kategorien als auch die besonders nachgefragten Grundstücke offensichtlich regional unterschiedlich verteilt sind.

Tab. 7: Der Bodenmarkt in Zypern 1965, 1969 und 1972

Distrikt	Zahl der Transaktionen				
	absolut			in Prozent (1965 = 100)	
	1965	1969	1972	1969	1972
Nicosia	2 760	5 761	4 623	209	168
Kyrenia	716	1 528	1 252	213	175
Famagusta	2 136	2 841	2 909	133	136
Larnaca	825	1 236	1 040	150	126
Limassol	1 910	2 538	2 517	133	132
Paphos	1 318	1 381	1 203	105	91
Gesamt	9 665	15 285	13 544	158	140

Distrikt	Umsatz				
	in 1 000 Z£			in Prozent (1965 = 100)	
	1965	1969	1972	1969	1972
Nicosia	1 745	6 480	8 558	371	490
Kyrenia	252	2 347	2 758	931	1 094
Famagusta	1 059	3 325	6 278	314	593
Larnaca	459	1 039	1 512	226	329
Limassol	886	3 036	4 841	343	546
Paphos	195	764	1 204	392	617
Gesamt	4 596	16 991	25 151	370	547

Distrikt	Durchschnittlicher Umsatz pro Transaktion				
	in Z£			in Prozent (1965 = 100)	
	1965	1969	1972	1969	1972
Nicosia	632	1 125	1 851	178	293
Kyrenia	352	1 536	2 203	436	626
Famagusta	496	1 170	2 158	236	435
Larnaca	556	841	1 454	151	262
Limassol	464	1 196	1 923	255	414
Paphos	148	553	1 009	374	676
Gesamt	476	1 112	1 857	234	390

Quelle: Unveröffentlichte Unterlagen des Department of Lands and Survey, 1973.

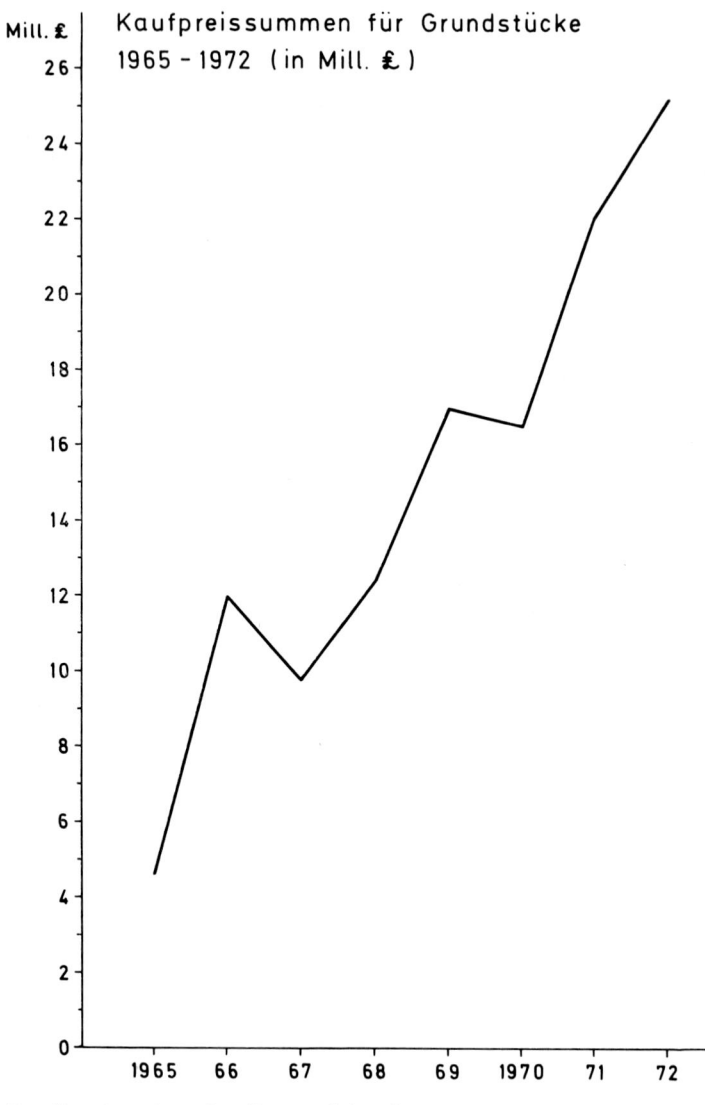

Abb. 23. Kaufpreissummen

C. Die Entwicklung der Bodenpreise

1. Bodenpreise für landwirtschaftlich genutzte Flächen

Innerhalb der Kategorie „landwirtschaftliche Nutzfläche" werden bewässerte Parzellen erwartungsgemäß am höchsten bewertet, und zwar um so mehr, je sicherer die Wasserversorgung ist und je höhere Investitionen durch den Vorbesitzer auf der betreffenden Parzelle vorgenommen worden sind. Ein Grundstück mit 12jährigem Agrumenbestand, das aus einer eigenen Bohrung mit Grundwasser versorgt wird, repräsentiert 1973 einen Wert von ca. Z£ 7 000—11 000 pro Hektar. Es steht damit hinsichtlich des Preises innerhalb der Kategorie „landwirtschaftliche Nutzfläche" an der Spitze. Das führt freilich dazu, daß derartige Parzellen kaum gekauft werden, da bei einem solchen Preis kein Käufer bei weiterer Nutzung des Grundstücks als Agrumengarten noch auf einen Gewinn hoffen kann. Neben Zitrusanlagen sind auch Obstkulturen in den vom Troodos herabreichenden Tälern, die bereits in voller Produktion stehen und mit hoher Sicherheit durch Oberflächenwasser bewässert werden können, ein weiterer hochbewerteter Typ von landwirtschaftlicher Nutzfläche. Sie sind pro ha mit rd. Z£ 5 800 zu veranschlagen. Auch anderes Bewässerungsland mit Dauerkulturen (Bananen, Erdbeeren, Tafeltrauben usw.), insgesamt freilich nur wenige hundert Hektar, gehört zu den hochbewerteten Flächen. Ganzjährig bewässertes Land ohne Dauerkulturen wird im Durchschnitt nicht unter Z£ 3 600 pro Hektar verkauft.

Angesichts der aufgezeigten Unterschiede bezüglich der Ertragskraft von bewässerter und nichtbewässerter Fläche überrascht es nicht, wenn das Trockenfeldland erheblich geringer bewertet wird. Allerdings gibt es auch innerhalb dieser Kategorie eine breite Skala von Qualitätsabstufungen. Je nach Bodengüte, Hangneigung, Erreichbarkeit und vor allem je nach den vorgenommenen Investitionen für Terrassierung oder Anlage von Dauerkulturen (Wein bzw. Baumbestände wie Ölbaum, Johannisbrotbaum oder Mandel) ist ein Hektar Trockenfeld wertmäßig sehr unterschiedlich einzustufen. Die durchschnittlichen Preise für Getreidefelder in der Mesaoria mit guten Böden und der Möglichkeit von „seasonal spate irrigation" (d. h. Überflutung der Felder in der Regenzeit durch Flußwasser) schwanken pro Hektar zwischen Z£ 1 100 und Z£ 1 500; einen Hektar Weinberg in vollem Produktionsalter kann man im gebirgigen Südwesten mit etwa Z£ 360 veranschlagen, Getreideland kostet im Gebirge bei guten Böden pro Hektar durchschnittlich Z£ 145, bei schlechten Böden knapp um Z£ 36 und weniger.

Trotz solcher geringen Preise ist die Nachfrage nach Trockenfeldland, das weiterhin landwirtschaftlich genutzt werden soll, recht gering. Daher kommt es nur in bescheidenem Maß überhaupt zu Verkäufen, und die Preise sind — im scharfen Gegensatz zur Preisentwicklung des Bewässerungslandes — seit Jahren rückläufig: Noch 1946 wurde in Salamiou z. B. für Weinfelder Z£ 725—1 100 pro Hektar bezahlt, die heute für Z£ 360 nicht mehr verkäuflich sind.

Bei den aufgezeigten Unterschieden im Preisniveau zwischen Bewässerungsland und Trockenfeld leuchtet es ein, daß die Umwandlung einer Parzelle Trockenland in Bewässerungsland eine erhebliche Wertsteigerung bedeutet. Die für die Erschließung von Bewässerungswasser nötigen Mittel werden im Fall von Staudammbauten ja ausschließlich, bei Grundwassererschließung durch Tiefbohrungen in Form von Zuschüssen zu einem wesentlichen Teil von der öffentlichen Hand aufgebracht. Bei der Umwandlung einer Fläche in Bewässerungsland übertrifft daher der unmittelbare Wertzuwachs fast immer die Kosten, die für den Grundstückseigentümer damit verbunden sind.

Eine solche Umwandlung ist also auch bzw. gerade für diejenigen, die eine künftige Bewirtschaftung ihrer Parzelle nicht im Sinn haben, immer ein gutes Geschäft. Das verlockt natürlich viele, nach Gelegenheiten Ausschau zu halten, bis dahin nicht bewässerte Felder zu günstigen Preisen zu kaufen, sie in Bewässerungsland umzuwandeln und dann, oft nach Pflanzung junger Agrumen, zu hohen Preisen wieder zu verkaufen. Das macht erklärlich, warum ungeachtet der längst erkannten Überbeanspruchung der Grundwasservorräte und der daraus zu erwartenden Konsequenzen unbeirrt weitere Brunnen angelegt werden. Zweck solcher Grundwasserbohrungen ist ja nicht immer, eine Parzelle langfristig bewässern zu können, sondern es kommt häufig nur darauf an, den beschriebenen „Umwandlungseffekt" zu erzielen, um die Parzelle als Bewässerungsland teuer verkaufen zu können.

2. Bodenpreise am nichtagraren Bodenmarkt

a) Bauland für den Wohnungsbau

Ist somit schon der agrarische Bodenmarkt in Zypern nicht frei von spekulativen Elementen, so wird demgegenüber der nichtagrarische Bodenmarkt fast ausschließlich von der Spekulation beherrscht. Bauland ist nicht nur in den Städten, sondern auch auf dem Lande im Lauf der letzten Jahre enorm im Preis gestiegen. In den Gemeinden, die mehr als 15 Meilen von Nicosia, Famagusta oder Limassol entfernt sind, hatte 1960 ein Bauplatz üblicher Größe (etwa 21 × 24 m) für ein Wohnhaus durchschnittlich kaum Z£ 100 gekostet. Heute ist dort unter Z£ 350 kein Baugrundstück mehr zu bekommen. Preise von Z£ 500 und mehr sind die Regel. Je stadtnäher die Orte liegen, desto höher liegt das Preisniveau für Bauland, am höchsten natürlich in den Städten selbst, wobei die Bodenpreise sprunghaft ansteigen, wenn das Grundstück innerhalb der Zuständigkeitsgrenzen der städtischen Wasserwerke liegt.

Sogar in Paphos sind die Durchschnittspreise von Z£ 500 (1963/64) auf Z£ 3 000—5 000 (1973) gestiegen, in den größeren Städten wird Bauland für private Wohnbauten nicht mehr unter Z£ 5 000 angeboten, häufig werden Preise von Z£ 10 000—15 000 verlangt und bezahlt. In Spitzenlagen wechseln gar Bauplätze für Z£ 30 000 und mehr den Besitzer. Weit höhere Preise werden selbstverständlich für Baugrundstücke an den Hauptgeschäftsstraßen in Famagusta, Limassol oder Nicosia bezahlt, wobei von qm-Preisen bis zu Z£ 250 berichtet wird.

Nun ist freilich die hier durch einige Durchschnittspreisangaben skizzierte Differenzierung städtischer Baulandpreise keineswegs ein Spezifikum Zyperns, vielmehr ein aus vielen Untersuchungen städtischer Bodenmärkte gut bekanntes Phänomen. Etwaige Besonderheiten für die Städte Zyperns herauszuarbeiten, wäre nur auf Grund detaillierter Kartierung von Baulandpreisen mittels amtlicher Unterlagen möglich, die aber nicht zur Verfügung standen. Die wenigen mitgeteilten Baulandpreise sollen zunächst nur illustrieren, daß die Grunderwerbskosten in den drei größeren Städten Zyperns während der letzten Jahre drastisch gestiegen sind.

b) Industriegelände

Für den städtischen Baulandmarkt bewirkte dieser schnelle Preisanstieg zweifellos eine zunehmende Steigerung der Nachfrage und löste damit quasi-selbstverstärkende Kräfte aus. Im Vergleich mit anderen Entwicklungen auf dem nichtagraren Bodenmarkt Zyperns ist freilich festzuhalten, daß die Preissteigerungsraten für städtisches Bauland bei weitem übertroffen werden von dem Wertzuwachs, den bisher landwirtschaftlich genutzte Flächen weit außerhalb jeder Siedlung erfahren haben, sofern sie in Industriegelände oder „tourist areas" umzuwandeln waren.

Es gibt kein an einer ausgebauten Straße gelegenes Feld, sei es bewässert oder nicht, das nicht, ausreichende Größe vorausgesetzt, als potentielles Industriegelände weit höher bewertet wird denn als landwirtschaftliche Fläche. Ein eindrucksvolles Beispiel dafür liefert das etwa 20 km westlich von Famagusta gelegene Mesaoriadorf Gaidhouras, in dem eines der ersten Flurbereinigungsverfahren in Zypern durchgeführt werden sollte. Aus gutem Grund blieb dabei von vornherein ein etwa 300 bis 500 m breiter Streifen beiderseits der von Famagusta nach Nicosia durch die Gemarkung ziehenden Hauptstraße vom Bereinigungsverfahren ausgespart. 1967 war es dort zum ersten Verkauf eines Feldes zu einem Preis von Z£ 2 175 pro ha gekommen. Dieser Preis entsprach damals bereits etwa dem Fünffachen dessen, was dort für eine gleichwertige, aber nur als Getreideland zu nutzende Fläche zu erzielen war. Seither wechselten insgesamt 8 an der Straße gelegene Parzellen ihren Besitzer, wobei die Preise weiter stark gestiegen sind und nun unter Z£ 4 350 pro ha keinesfalls mehr verkauft wird. Nur auf einem dieser Grundstücke wurde bisher tatsächlich ein Fabrikationsgebäude errichtet; den anderen ist der Besitzwechsel physiognomisch kaum anzumerken, da sie teilweise vom früheren Besitzer weiter bestellt werden und sich bei der vorherrschenden Getreide-Brache-Rotation kaum von der Rotationsbrache unterscheiden.

c) „tourist areas"

Noch stärker angestiegen sind die Bodenpreise im Küstenbereich. Wo immer an der ca. 800 km langen Küste Zyperns man auch fragen mag, nirgendwo wird man noch ein in Strandnähe gelegenes Grundstück finden, das nicht als „Tourismus-Erwartungsland" heute mit dem Mehrfachen seines bisherigen landwirtschaftlichen Wertes zu veranschlagen ist. Der von der tourismusbedingten Aufwertung betroffene Küstenstreifen reicht unterschiedlich weit landeinwärts. Die Existenz eines großen Hotelkomplexes unmittelbar am Strand mit entsprechender Ausstattung — wie z. B. das noch im Bau befindliche „Salamis Bay Hotel" an der Ostküste, 5 km südlich von Boghaz — hat eine deutliche Ausbuchtung des sonst zwischen 300 und 600 m tiefen Streifens landeinwärts zur Folge, so daß auch noch Grundstücke in 1 000 m Entfernung von der Küste davon berührt werden. Noch viel weiter landein reicht dieser Erwartungsstreifen an der Nordküste, wo de facto das gesamte Gebiet zwischen Strand und Kammlinie des Pentedaktylon-Gebirges als potentielle „tourist-area" zu betrachten ist.

Die Aufwertung der an der Küste gelegenen Grundstücke durch den Tourismus begann etwa 1966/67, in den Jahren also, in denen der durch die griechisch-türkischen Unruhen von 1963/64 bewirkte Rückschlag in der Entwicklung des Fremdenverkehrs wieder aufgeholt war. Von da an stiegen die jährlichen Zuwachsraten der Ausländerankünfte auf 25 %; auf der Angebotsseite traten, durch die Regierung ermutigt und durch günstige staatliche Kredite gefördert, bis dahin am Tourismus nicht beteiligte soziale Gruppen mit unternehmerischen Initiativen hervor (HEINRITZ

1972). Es begann eine in der Tat als Boom zu bezeichnende Entwicklung, auf die später noch näher einzugehen sein wird. Grundstücke in Strandnähe stiegen im Rahmen dieser Entwicklung von Jahr zu Jahr erheblich im Preis und erreichen heute Werte, die z. T. über den bereits dargestellten Spitzen der städtischen Baulandpreise liegen. Sehr gut läßt sich das am Beispiel der Gemarkung Ayia Napa zeigen, wo 1970 auf für 99 Jahre gepachtetem Staatsland mit dem Bau des ersten und bisher dort einzigen Hotels (Bungalowhotel Nissi Beach) durch einen Zigarrengroßhändler aus Famagusta begonnen worden war, das 1972 eröffnet wurde. Dort kam es in den Jahren 1967—1973 zu folgenden Grundverkäufen (Tabelle 8).

Tab. 8: Grundstückskäufe von 1963 bis 1973 im Kartierungsgebiet Ayia Napa

Zeitraum	Zahl der Verkaufsfälle	verkaufte Fläche (in m²)	Kaufpreis insgesamt (in Z£)
1963—1967	0	0	—
1968—1970	2	13 200	7 400
1971—1973	5	43 700	67 400

Quelle: eigene Erhebungen 1973.

Ein weiteres Beispiel für die Zunahme der Landverkäufe und die damit verbundenen Preissteigerungen zeigt Abb. 24. Hier wurden längs der Küstenstraße, die von Famagusta über Boghaz nach Rizokarpaso führt, zwischen dem Ausgrabungsgelände von Salamis und der Einmündung der Straße Trikomono—Boghaz alle Flächen kartiert, die bereits durch den Bau von Erschließungsstraßen in Bauland umgewandelt sind. Im Bereich dieses 12 km langen Abschnittes fanden sich an nicht weniger als 20 Stellen Umwandlungen bisher landwirtschaftlich genutzter — teilweise früher sogar bewässerter — Flächen in Bauland.

Dabei ist bemerkenswert, daß in keinem einzigen Fall solches „land developing" durch den ursprünglichen Besitzer der betreffenden Parzelle vorgenommen worden ist, sondern die Flächen immer erst vorher ihren Besitzer gewechselt hatten. Die Karte stellt wohlgemerkt nur einen Teil der Flächen dar, die in den letzten Jahren verkauft worden sind, da sie nur die physiognomisch erfaßbaren, da erschlossenen Grundstücke zeigt. Die Parzellen, die bereits verkauft, aber noch nicht erschlossen sind, sind also auf der Karte nicht erfaßt; sie treten nur zum Teil physiognomisch als Brachland in Erscheinung; nicht selten werden sie aber — ähnlich wie bei Gaidhouras geschildert — nach wie vor landwirtschaftlich genutzt, da der neue Eigentümer dem früheren Besitzer oft die agrarische Weiternutzung

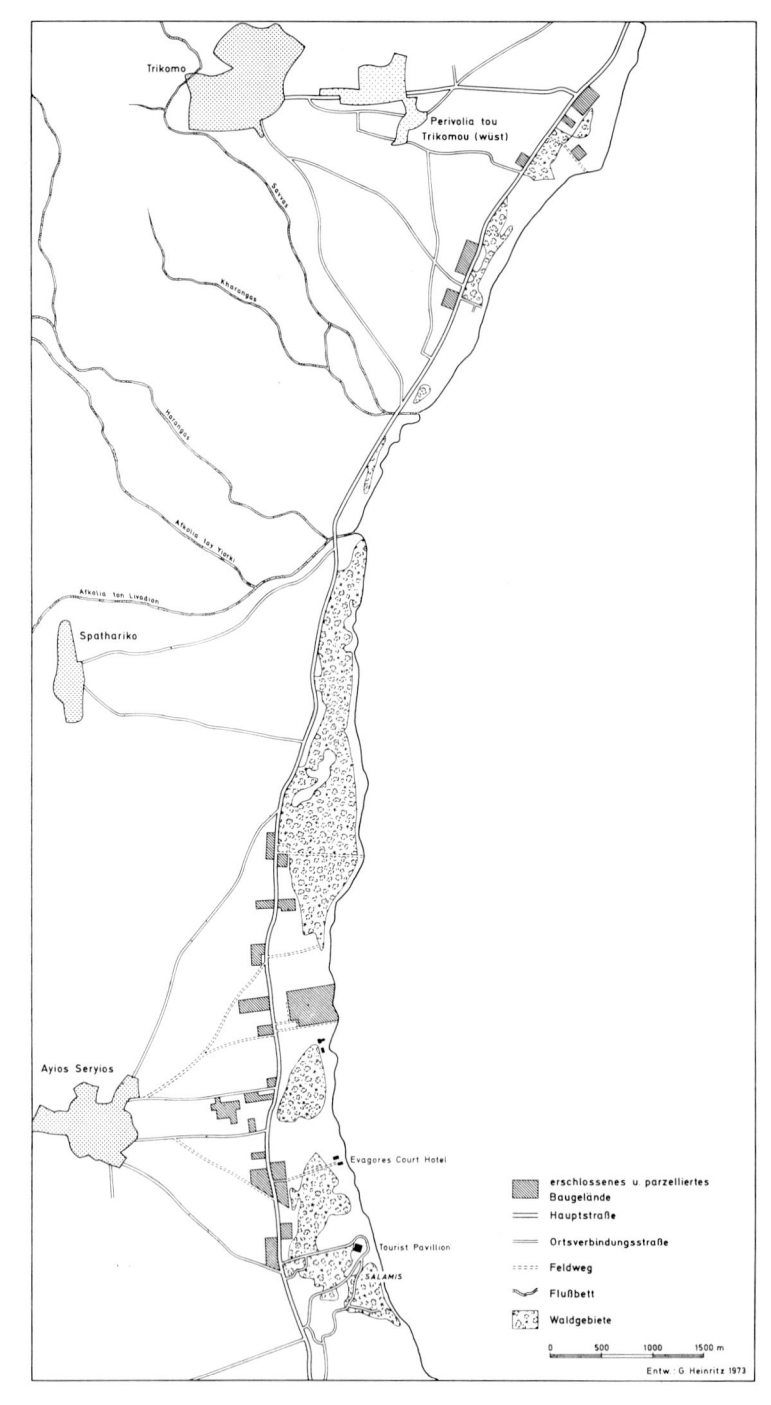

Abb. 24. Land Developing an der Ostküste

des verkauften Landes bis auf weiteres, d. h. bis zu einer späteren Erschließung, unter Verzicht auf Pachtzahlung gestattet. Auch hier, in den zu den Gemarkungen von Ayios Seryios, Sparthariko und Trikomono gehörigen strandnahen Flurteilen, begannen die ersten Landverkäufe nach 1967.

In welchem Tempo die jüngste Entwicklung des „land developing" sich abspielt, mag aus der Feststellung hervorgehen, daß auf Luftbildern, die auf einer im Herbst 1971 durchgeführten Befliegung aufgenommen worden sind, allein die Baustelle des Salamis Bay Hotels auszumachen ist, alle anderen auf der Karte ausgewiesenen Baugebiete also zwischen Oktober 1971 bis Februar 1973 erschlossen worden sind. Schon die Geschwindigkeit, mit der sich dieser Prozeß vollzieht, deutet darauf hin, daß sich auch hier die Spekulationsspirale dreht: Steigende Nachfrage bewirkt steigende Bodenpreise und damit einen schnellen Wertzuwachs für die Besitzer entsprechender Grundstücke. Die Aussicht auf solcherart zu erzielende Gewinne hat ein weiteres Ansteigen der Nachfrage zur Folge, was die Bodenpreise weiter ansteigen läßt usw.

Analog zu den Vorgängen auf dem agrarischen Bodenmarkt hat die Tatsache, daß mit der Umwandlung bisher agrarisch genutzter Flächen in Bauland für touristische Zwecke das betreffende Grundstück sprunghaft an Wert gewinnt, natürlich dazu geführt, daß das Bestreben der Spekulation darauf gerichtet ist, Erwartungsland zu kaufen, Flächen also, bei denen Aussicht auf einen solchen Umwandlungseffekt besteht. So wie das Niederbringen von Bohrungen nach Grundwasser oft nur die Schaffung von Bewässerungsland beabsichtigte, so ist auch für den nichtagraren Bodenmarkt der durch Erschließungsmaßnahmen zu erzielende „Umwandlungseffekt" häufig das eigentliche Ziel, auf welches das Interesse der Käufer strandnaher Parzellen gerichtet ist.

Die Frage, ob das erworbene — bislang meist landwirtschaftlich genutzte — Grundstück seine ihm künftig zugedachte Funktion wird langfristig und zufriedenstellend erfüllen können, kann häufig umso leichter ungeprüft bleiben, als der Käufer vorrangig an den durch späteren Verkauf zu erzielenden Gewinn denkt, nicht aber daran, das Grundstück in seiner neuen Funktion selbst zu nutzen. Das trifft besonders häufig für die Umwandlung von Küstenstreifen in „tourist areas" zu, und dementsprechend werden oft alle Faktoren, die eine künftige touristische Nutzung beeinträchtigen könnten, auf die leichte Schulter genommen. So liegen die auf Abb. 24 erfaßten Erschließungsgebiete, die überwiegend für die Errichtung von Zweitwohnsitzen — meist Bungalows, seltener hier Appartement-hochhäuser — vorgesehen sind, zwar in der Tat nur wenige 100 m vom Strand entfernt, sie befinden sich zugleich aber nur 50 m oder weniger neben einer sehr befahrenen, gut ausgebauten Fernstraße, noch dazu in einer völlig kahlen, eintönigen Umgebung.

D. Veränderungen in der Grundbesitzstruktur

1. Die Verkäufer

Wie verändert sich nun durch die Vorgänge am nichtagraren Bodenmarkt die überkommene Landbesitzstruktur? Wer sind die Verkäufer der bisher landwirtschaftlich genutzten Flächen, welche sozialen Gruppen treten als Käufer auf?

Die traditionelle Struktur des Grundbesitzes ist charakterisiert durch die breite soziale Streuung von Bodeneigentum und die Tatsache, daß der größte Teil der Bevölkerung Zyperns am Grundbesitz beteiligt ist. Diese Ausgangssituation war selbstverständlich auch dort gegeben, wo in jüngster Zeit die spekulationsgesteuerte Umwandlung von landwirtschaftlicher Nutzfläche in Bauland vor sich geht, doch verhalten sich die Angehörigen der verschiedenen sozialen Gruppen hinsichtlich ihrer Verkaufsbereitschaft keineswegs gleichartig.

a) Kapitalschwache Verkäufer

Am frühesten fanden sich neben Teilen der semiurbanen Bevölkerungsschichten, die zu den unteren Einkommensklassen zählen, vor allem jene „full-time-farmer" zur Abgabe von Land bereit, die ganz oder fast ausschließlich vom Einkommen abhängig sind, das sie aus ihrer Landwirtschaft, d. h. aus dem Trockenfeldbau, erwirtschaften. Ihre wirtschaftliche Existenz hängt also stärker als die aller anderen Gruppen, die am Landbesitz teilhaben, von eben diesem Landbesitz ab.

Wenn sie nun als erste zum Verkauf von Land bereit sind, so findet solches scheinbar paradoxe Verhalten seine einfache Erklärung darin, daß sie eben wirtschaftlich am schlechtesten gestellt sind. In ihrer Lage ist das Angebot eines Käufers, eines ihrer Grundstücke zu einem Preis zu erwerben, der ein Mehrfaches des bisherigen Wertes der Parzelle darstellt, eine Verlockung, der sie angesichts ihres oft akuten Geldbedarfs kaum zu widerstehen vermochten. Der Besuch höherer Schulen bzw. das Studium der Kinder im Ausland oder der Bau des traditionsgemäß als Mitgift erwarteten Hauses für die Tochter waren ja für einfache Bauern auch schon vor Einsetzen der derzeitigen Welle von Bodenspekulation anders als durch den Verkauf von Land kaum zu finanzieren.

Damals aber, unter agrargesellschaftlichen Bedingungen also, wurde das verkaufte Land nach dem Kauf in der Regel in gleicher Weise genutzt wie vor dem Kauf, der Wert eines Grundstückes blieb damit unverändert. Das Geschäft der professionellen oder halbprofessionellen „money-lender", die bis in die fünfziger Jahre eine wichtige Rolle am Bodenmarkt in Zypern gespielt haben, bestand damals deshalb hauptsächlich darin, eine persönliche Notlage des Verkäufers auszunutzen, um ein Grundstück weit unter seinem Wert zu erwerben und es dann zu seinem eigentlichen Wert wieder zu verkaufen. Sofern der bäuerliche Grundbesitzer aber nicht durch eine akute Notlage zum sofortigen Verkauf von Land gezwungen war, kam dem Zeitpunkt des Verkaufes nur wenig Bedeutung zu: Ob ein Bauer in diesem oder erst im folgenden Jahr einen Acker verkauft haben würde, er würde in beiden Fällen in etwa den gleichen Preis erzielt haben. Mit dem Einsetzen der Bodenspekulation änderte sich dies grundlegend: Da die Preisentwicklung am Bodenmarkt steil nach oben gerichtet ist, kommt dem Zeitpunkt des Verkaufes ganz entscheidende Bedeutung zu.

Die Tatsache, daß die am meisten von ihrem Grundbesitz abhängige Gruppe, die Farmer also, schon in der Anfangsphase der gegenwärtigen Bodenspekulation zum Verkauf von Flächen bereit waren, bedeutet zugleich, daß die ihnen angebotenen Kaufpreise zwar relativ hoch über dem bisher veranschlagten Wert ihrer Parzellen lagen, angesichts des niedrigen ursprünglichen Preisniveaus die absoluten Erlöse aus Landverkäufen aber bescheiden blieben. So kam der eigentliche Gewinn, der durch die Umwandlung in Bauland zu erzielen war, meist nicht dem ursprünglichen bäuerlichen Besitzer, sondern dem ersten Käufer zugute, da dieser auch bei geringeren Wertsteigerungsraten infolge der höheren Ausgangslage absolut wesentlich höhere Summen verdienen konnte. Noch entscheidender aber als dies trug zur relativen Verschlechterung der Vermögensverhältnisse der kapitalschwachen Erstverkäufer die Tatsache bei, daß sie das aus dem Verkauf von Land erlöste Kapital in der Regel nicht wieder in Sachwerten anlegen konnten. Die aus familiären Verpflichtungen resultierende Geldnot war ja oft das entscheidende Verkaufsmotiv gewesen.

b) Kapitalstarke Verkäufer

Ganz anders verhielt sich dagegen die zur wirtschaftlich besser gestellten, semiurbanen und urbanen Bevölkerung gehörende Gruppe der Landbesitzer, welche die Chancen, die in einer Umwandlung ihrer Felder in Bauland steckten, frühzeitig erkannten. Wenn bisher überhaupt, so verkauften sie jedenfalls erst zu einem Zeitpunkt, als die Bodenpreise für „Erwartungsland" entsprechend hoch geklettert waren. Auf diese Weise haben sie nicht nur sehr bedeutende Summen aus dem Verkauf ihres Landes bezogen; sie haben im Unterschied zu den wirtschaftlich schlechter gestellten bäuerlichen Verkäufern sehr häufig das eingenommene Geld wieder in Immobilien angelegt, es also Inflationsverlusten entzogen.

So wurden nicht wenige der seit 1970 am Strand südlich von Famagusta errichteten Appartementhäuser und Hotels mit Kapital gebaut, das ihre Besitzer aus Landverkauf erworben hatten (HEINRITZ 1972, S. 273). Gerade im Raum Famagusta aber war die Bodenspekulation durchaus nicht nur auf die Strandzone beschränkt. Infolgedessen wurden eigentlich zu erwartende Wertverluste von Zitrusflächen, die auf Grund des Versiegens oder der zunehmenden Versalzung des zur Bewässerung benötigten Grundwassers aufgegeben werden mußten, gar nicht erst realisiert. Das hat freilich dazu geführt, daß sich der Rückgang an Bewässerungsfläche der Öffentlichkeit kaum als Warnung vor allzu hemmungsloser Überbeanspruchung der Grundwasservorräte des Landes hat einprägen können.

c) Kirche und Klöster

Hinsichtlich der Bereitschaft, Landbesitz zu veräußern, verhält sich die griechisch-orthodoxe Kirche ebenso wie die letztgenannte Gruppe privater Grundbesitzer. Der Umfang des kirchlichen Bodeneigentums war, wie ein Vergleich der Zensusdaten zeigt, zwischen 1946 und 1960 erheblich zurückgegangen. Das muß vor allem auf umfangreiche Landverkäufe in den fünfziger Jahren zurückgeführt werden, die sicherlich im Zusammenhang mit der Finanzierung des Kampfes der EOKA zu sehen sind.

So sind beispielsweise die Flächen, die Karte 22 als vor 1963 durch Kauf erworben ausweist, verkaufter kirchlicher Besitz. Für den Bezirk Paphos wurde berechnet, daß kirchlicher Grundbesitz von 1950 bis 1970 von 3 600 ha auf 1 100 ha zurückgegangen ist (VAN DER VELDE / CHIMONIDOU 1971, S. 29). Mit dem Ende der EOKA-Kämpfe hörten auch die Landverkäufe der Kirche weitgehend auf. Der kirchliche Grundbesitz nahm freilich in der Folgezeit nur mehr wenig zu. Die Säkularisation der Gesellschaft, die in Zypern wie anderwärts mit der Hebung des allgemeinen Bildungsniveaus verbunden ist, hat nämlich dazu geführt, daß die früher üblichen frommen Landschenkungen an die Kirche nunmehr fast völlig ausbleiben. Dennoch aber ist der kirchliche Grundbesitz heute immer noch so groß, daß die Kirche — oder besser: ihre verschiedenen Institutionen, wie das Erzbistum, die drei Bistümer und einige Klöster, insbesondere das Kykko-Kloster — gerade auf dem nichtagraren Bodenmarkt eine sehr starke Position besitzt.

d) Abwanderer

In allen Fällen, in denen Land aus spekulativen Gründen als Bauerwartungsland für Wohn-, Industrie- oder Hotelbauten oder als Bewässerungserwartungsland erworben wurde, waren unter den Verkäufern, vor allem im Anfangsstadium der gegenwärtigen Spekulationswelle, eindeutig die Angehörigen der unteren Sozialschichten überproportional vertreten; insbesondere haben Familien, die noch ausschließlich oder überwiegend von der Landwirtschaft leben müssen, relativ am meisten Land abgegeben.

Ganz anders liegen die Verhältnisse am Bodenmarkt der Abwanderungsgebiete, wo ja seit längerer Zeit die Bodenpreise eine fallende Tendenz haben. Hier war es vor allem die abwandernde oder die abgewanderte Generation, die — meist nach dem Tod der Eltern — zum Verkauf ihres Grundbesitzes bereit war. Je früher sie verkauften, desto bessere Preise konnten sie noch erzielen. Heute kommt es trotz niedriger Preise mangels Nachfrage nur mehr zu relativ wenig Transaktionen. Der Verkauf von Grundstücken ist daher auch für die zurückbleibende „bäuerliche" Bevölkerung kein taugliches Mittel zur Geldbeschaffung.

Eine spezifische Situation ergibt sich dabei für jene „Abwanderer", deren Abwanderungsentschluß nicht individuell motiviert war, d. h. sozioökonomische Gründe hatte, sondern auf die politischen Verhältnisse zurückging.

Exkurs

Die Auswirkungen des griechisch-türkischen Konfliktes auf Bevölkerungsverteilung und Bodenmarkt

Die Forderung der Griechen nach Vereinigung Zyperns mit Griechenland („Enosis") war von türkischer Seite mit der Gegenforderung nach Teilung der Insel zwischen Griechen und Türken („Taxim") beantwortet worden. Als beide Ziele nach Gründung der Republik überholt waren, verfolgte die türkische Führung das Ziel einer „Kantonisierung" der Insel. Die ursprünglich erhobene Forderung nach Teilung war ja schon deshalb kaum realisierbar, weil von einem abgrenzbaren, geschlossenen Siedlungsgebiet der Türken auf Zypern nicht die Rede sein konnte. Ihre Verteilung war im Gegenteil ausgesprochen dispers.

Die auf Grund des Zensus von 1960 entworfene Bevölkerungskarte des Statistics and Research Department zeigt nicht nur, daß türkische Dörfer in allen Teilen der Insel zu finden waren, sondern auch, daß es viele von Griechen und Türken gemeinsam bewohnte Siedlungen gegeben hat. So schwankte, wie Tabelle 9 zeigt, der Anteil der türkischen Bevölkerung in den einzelnen Distrikten und Städten 1960 zwischen 12 und 31 %. Die nach 1963 verfolgte türkische Politik strebte nun die Segregation, d. h. die Bildung geschlossener türkischer Siedlungsräume an, denen nach türkischen Vorstellungen Schweizer Kantonen vergleichbare Rechte auf Selbstverwaltung zu geben seien. Freilich waren weitgehende Bevölkerungsbewegungen erforderlich, um die türkische Bevölkerung in bestimmten Räumen zu konzentrieren.

Tab. 9 a: Die Verteilung der Türken 1960

Distrikt	Türkische Bevölkerung in Tausend			Prozentualer Anteil der Türken an der Gesamt-Bevölkerung		
	Dörfer	Stadt	Gesamt	Dörfer	Stadt	Gesamt
Nicosia	18,6	22,3	40,9	17	23	20
Kyrenia	3,6	0,7	4,3	13	21	14
Famagusta	12,9	6,2	19,1	16	18	17
Larnaca	8,6	4,1	12,7	21	21	22
Limassol	7,4	6,3	13,7	12	15	13
Paphos	11,3	2,9	14,2	23	31	24
Zypern gesamt	62,4	42,5	104,9	17	21	18

Tab. 9 b: Türkische Flüchtlinge 1963/64 und 1970

Distrikt	Türkische Flüchtlinge			
	1963/64			1970
	aus Dörfern	aus Städten	Gesamt	Gesamt
Nicosia	5 452	5 627	11 079	8 004
Kyrenia	1 402	152	1 554	1 303
Famagusta	497	208	705	321
Larnaca	1 494	107	1 601	1 353
Limassol	1 691	408	2 099	1 781
Paphos	2 107	874	2 981	2 272
Zypern gesamt	12 643	7 376	20 019	15 034

Quelle: Unveröffentlichte Unterlagen der Turkish Cypriot Administration.

Ein solcher Konzentrationsprozeß hat in der Tat stattgefunden. Die Türken haben dabei sowohl bisher mit Griechen gemeinsam bewohnte Dörfer verlassen als auch kleine, rein türkische Orte, die von großen griechischen Gemeinden umgeben waren. Ob es sich dabei um eine freiwillige Umsiedlung gehandelt hat, die aus reinem Schutzbedürfnis heraus erfolgt ist, wie die offizielle türkische Seite versichert, oder ob diesen Umsiedlungen von seiten der türkischen Führung durch massiven Druck, ja Terror nachgeholfen wurde, wie die griechische Regierung behauptet, läßt sich wohl nicht generell, sondern nur von Fall zu Fall entscheiden. Insgesamt dürften sicher beide Triebkräfte gleichermaßen von Bedeutung gewesen sein. Die dadurch ausgelösten bevölkerungs- und siedlungsgeographischen Strukturveränderungen erreichen jedenfalls ein recht beachtliches Ausmaß. Immerhin haben nach Angaben der türkischen Administration während der Kämpfe bzw. unmittelbar danach 1963/64 etwa 20 000 Menschen, das sind ca. 20 % aller Inseltürken, als Flüchtlinge ihre bisherigen Heimatorte verlassen. Nur ein knappes Viertel von ihnen ist im Lauf der Zeit wieder dorthin zurückgekehrt, so daß auch heute noch mit etwa 15 000 türkischen Flüchtlingen auf der Insel gerechnet werden muß (E. KOLODNY 1971, S. 42). Von den 112 rein türkisch bewohnten Siedlungen sind nicht weniger als 21 zu Ortswüstungen geworden, aus 59 von 146 ehemals gemischt bewohnten Dörfern sind die Türken abgezogen (s. Kartenbeilage 2).

So finden wir heute sehr viel weniger Dörfer, in denen Griechen und Türken noch neben- bzw. miteinander wohnen. Die Städte, ausgenommen Limassol und Kyrenia, sind seit 1964 durch eine Demarkationslinie, die sog. Green Line, geteilt, die von UN-Truppen bewacht wird. Die Teilung des Stadtgebietes hatte dabei vor allem für Nicosia und Paphos schwerwiegende Störungen des traditionellen funktionalen Systems der Stadt zur Folge.

Die Türken dürfen sich zwar in den griechischen Gebieten frei bewegen, nicht zuletzt deshalb, weil sie als Arbeitskräfte — Gastarbeiter im eigenen Lande — für geringqualifizierte Arbeiten insbesondere im Baugewerbe auf griechischer Seite dringend benötigt werden. Den Griechen aber wird der Zutritt in die türkischen Enklaven prinzipiell verwehrt. Das führt z. B. dazu, daß der Weg von Nicosia in das 24 km entfernte Kyrenia für Griechen sich auf 55 km verlängert, wenn er nicht im dreimal täglich verkehrenden, durch UN-Truppen bewachten Konvoi zurückgelegt wird. Auch der Weg von Polis nach Nicosia führt für Griechen nicht an der Nordküste entlang über Morphou, sondern muß über Paphos-Limassol gewählt werden, eine um rund 80 km längere Strecke.

Stärker als solche durch die Absperrung verursachten Unannehmlichkeiten für die Griechen fallen hingegen die Nachteile ins Gewicht, die sich wirtschaftlich für die Türken selbst aus ihrer Isolation ergeben. Auch die erheblichen Subsidien aus der Türkei, die jährlich zwischen 8 und 12 Mill. Z£ betragen, reichten nicht aus, um eine mit den Verhältnissen auf griechischer Seite vergleichbare wirtschaftliche Entwicklung zu initiieren. So wurde die wirtschaftliche Lage auf türkischer Seite nicht gerade dadurch erleichtert, daß sich ein großer Teil der Umsiedler nicht in benachbarte türkische Dörfer wandte, sondern in die Städte zog, insbesondere nach Nicosia.

Sofern die Gemarkung des verlassenen Dorfes in der Nähe eines weiterhin von Türken bewohnten Ortes liegt, erfolgt die Bewirtschaftung der betreffenden Flächen — überwiegend Trockenfeldland — zumeist von dort aus, vor allem dann, wenn es sich um Getreideland handelt. War aus Entfernungsgründen eine Weiterbewirtschaftung durch den Eigentümer selbst oder mittels Lohnarbeit, die auch auf türkischer Seite eingeführt ist, nur schlecht möglich, so blieben in den ersten Jahren nach den Kämpfen bzw. nach dem Abzug solche Parzellen unbewirtschaftet oder wurden ohne Einverständnis des Besitzers durch griechische Bauern genutzt, die sich schließlich auch zur Zahlung einer gewissen Pachtsumme bereitfanden.

Dagegen ist der Verkauf bisher in türkischem Besitz befindlicher Grundstücke, die außerhalb der von der türkischen Verwaltung kontrollierten Gebiete liegen, auf Grund einer Verordnung der „Turkish administration" nur an türkische, nicht aber an griechische Käufer gestattet, um den prozentualen Anteil am Grundeigentum auf der Insel nicht zu schmälern. Soweit es sich freilich um Flächen handelt, die als „Erwartungsland" für die Spekulation interessant sind, lassen sich Wege finden, dieses Verbot zu umgehen. Zunächst sind schon in der betreffenden Verordnung Ausnahmen vorgesehen. Kann ein türkischer Landbesitzer z. B. nachweisen, daß ihn eine dringende persönliche Notlage zum Verkauf zwingt, so kann ihm genehmigt werden, auch an einen Griechen zu verkaufen. Gelingt es nicht, diese Genehmigung zu erhalten, so bleibt die Möglichkeit, das Geschäft über einen Ausländer als Strohmann abzuschließen. Häufiger aber wird der Verkauf pro forma als — erlaubter — Grundstückstausch abgewickelt, wobei der verkaufende Türke ein bislang griechisches Grundstück etwa gleicher Größe, aber geringeren Wertes überschrieben bekommt und der Wertunterschied, d. h. eigentlich der Kaufpreis, dann in bar beglichen wird, ohne daß dieser Betrag im Tauschvertrag erscheint. Derartige Transaktionen haben vor allem im Raum Kyrenia einen gewissen Umfang erreicht.

In den von der türkischen Verwaltung kontrollierten Gebieten, wo als Käufer ausschließlich Türken auftreten können, ist der Bodenmarkt erheblich stiller, wenngleich auch vielen türkischen Familien z. B. die Finanzierung eines Hauses als Mitgift für die Tochter schwer fällt und sie oft zum Verkauf von Grundstücken zwingt. Anders als auf griechischer Seite aber wird dabei in der überwiegenden Mehrzahl der Fälle das verkaufte Land in seiner bisherigen Funktion weitergenutzt, da der neue Besitzer zur gleichen sozialen Gruppe wie der Verkäufer gehört. Freilich ist das Ausmaß solcher Landverkäufe auf türkischer Seite infolge Kapitalmangels relativ gering. Die darüber zu erhaltenden Informationen lassen eine detailliertere Betrachtung leider nicht zu.

2. *Die Käufer*

a) Private und gewerbliche Spekulanten

Eine Vorstellung über das Ausmaß, in dem sich auf griechischer Seite die Landbesitzstruktur durch Vorgänge auf dem Bodenmarkt ändert, mögen die folgenden Angaben vermitteln, die dem bereits zitierten FAO-Bericht (VAN DER VELDE / CHIMONIDOU 1971, S. 29) zu entnehmen sind. Im Rahmen dieser Untersuchung wurden in 27 Dörfern der Küstenregion von Paphos die dort zwischen 1950 und 1970 getätigten Landverkäufe analysiert. Danach wechselten in dieser Zeit insgesamt 1 874 ha landwirtschaftlicher Nutzfläche privater Besitzer den Eigentümer.

Von den Käufern lebten 43 % in einer zyprischen Stadt, hier natürlich vor allem in Paphos selbst, weitere 10 % im Ausland. Der Rest, immerhin 47 %, lebte in den Untersuchungsgemeinden selbst und war als Voll- oder Nebenerwerbslandwirte zu klassifizieren. Der von ihnen erworbene Anteil betrug aber lediglich knapp 15 % der Fläche! Mehr als vier Fünftel der landwirtschaftlichen Fläche, die durch Kauf ihren Besitzer wechselte, kam in die Hände von Leuten, die nichts mit Landwirtschaft zu tun hatten. Ihre Kaufmotive lagen daher nicht, wie bei den bäuerlichen Erwerbern, in dem Wunsch, die betriebliche Anbaufläche, d. h. ihre Existenzgrundlage, zu erweitern oder durch Zukauf einer Parzelle den eigenen Grundbesitz zu arrondieren; ihre Motive sind vielmehr überwiegend spekulativer Natur.

Zu der kapitalkräftigen städtischen Bevölkerung, die in spekulativer Absicht als Käufer auftritt und den Bodenmarkt maßgeblich bestimmt, gehören insbesondere Ärzte, Rechtsanwälte, Architekten und höhere Regierungsbeamte. Hinzu kommen zahlreiche Kaufleute, vor allem Importeure und Großhändler, aber auch eine nicht geringe Zahl gewerblicher Immobilienhändler, Makler und Bauunternehmer. Vor allem bei Grundstückskäufen im Küstenbereich treten in der Regel zunächst Makler auf. Im Unterschied zu spekulierenden Privatleuten sind sie an einem raschen

Wiederverkauf des gekauften Landes interessiert, schon deshalb, weil ihre Kapitaldecke meist nicht allzu groß bemessen ist.

Die Banken räumen sowohl gewerblichen Grundstückshändlern wie Privatleuten für den Kauf von Land nur relativ geringe Kredite ein. Es kann daher zu keiner totalen Überschuldung der Erwerber kommen, die sie zu Notverkäufen zwingen würde. Es ist zwar keine Seltenheit, daß ein Immobilienhändler zur Verbesserung seiner Liquidität oder zur Finanzierung eines neuen Kaufes ein eben erworbenes Stück Land gleich wieder an den nächsten Immobilienhändler weiterverkauft, doch geschieht dies niemals mit Verlust. Gewerbliche wie private Spekulanten können infolge der außerordentlich hohen Nachfrage derzeit in Grundstücksgeschäften mit einer jährlichen Netto-Rendite ihres eingesetzten Kapitals kalkulieren, die nicht unter 25 % liegt.

b) Emigranten und Ausländer

Ein erheblicher Teil des Geldes, das zum Kauf von Immobilien in Zypern verwandt wird, stammt aus dem Ausland. Dabei ist die Zahl und die Bedeutung der ausländischen Kapitalgesellschaften oder der Privatleute, die als Käufer am Boden- und Immobilienmarkt auftreten, erstaunlich gering. Es handelt sich dabei vorwiegend um Engländer, deren Interessen sich fast ausschließlich auf die „tourist areas" an der Küste beschränken, wo sie ein Hotel errichten oder einen Altersruhesitz erwerben wollen. Nichtengländer treten dagegen bislang nur sehr vereinzelt als Käufer von Immobilien auf.

Einen ganz entscheidenden Anteil daran, daß die Nachfrage nach Immobilien, d. h. vor allem nach Grundstücken, nicht nur in den „tourist areas" so angestiegen ist, haben dagegen die zyprischen Emigranten. Dazu haben wir die nach erfolgreichen Jahren im Ausland nach Zypern zurückgekehrten Griechen ebenso zu rechnen wie die weiterhin im Ausland — insbesondere in England — lebenden Zyprer. So ist die Zahl der in London lebenden Bürger zyprischer Nationalität größer als die Einwohnerzahl der zyprischen Hauptstadt Nicosia; aber auch in den USA, in Australien und in einigen Staaten Afrikas, vor allem in Südafrika, im Kongo und in Ghana, finden sich stattliche zyprische Kolonien.

Gerade die heimgekehrten Emigranten spielen sehr häufig als Innovatoren für die Entwicklung eines Landes eine wichtige Rolle, wie dies etwa für den Libanon und für Syrien von THOUMIN (1936) und von WIRTH (1965) nachdrücklich hervorgehoben wurde. In Zypern liegen die Verhältnisse merklich anders insofern, als auf die Insel zurückgekehrte Auswanderer nicht wieder in ihre alten Dörfer zurückgehen, dort wohnen und arbeiten und dabei durch ihr Vorbild Neuerungen bewirken. Wenn sie überhaupt auf die Dauer zurück nach Zypern kommen, nehmen sie ihren Wohnsitz vielmehr in den Städten. Mitgebrachtes Kapital legen sie zumeist in spekulativer Absicht in Grundbesitz, in geringerem Maß neuerdings in Hotels oder anderen touristischen Unternehmen und seit kurzem wohl auch in Industriebetrieben, an. Ihre Investitionen verstärken also nur schon vorhandene Trends; die Auslandszyprer spielen damit weniger die Rolle von Impuls-Gebern als von Impuls-Verstärkern.

Von besonderer Bedeutung gerade für den Grundstücksmarkt ist das häufig festzustellende Motiv von in England lebenden Griechen, dort erwirtschaftete Gewinne — allein in London gibt es ca. 650 gut gehende zyprische Restaurants und eine Reihe von Textilbetrieben, die Zypern gehören — dem Zugriff der englischen Steuer zu entziehen. Das Ausscheiden Zyperns aus dem Sterling-Block 1972 und verschiedene der Ausfuhr britischen Geldes entgegengerichtete Bestimmungen der englischen Regierung hatten sicher zur Folge, daß seither sich weniger Engländer entschlossen, in Zypern einen Zweit- oder Alterswohnsitz zu erwerben.

Auf die Absicht der in England lebenden Zyprer aber, ihr Geld in Landbesitz in der alten Heimat anzulegen, konnten diese Maßnahmen kaum dämpfend wirken, da es sich bei den von ihnen in Aktentaschen und Koffern im Flugzeug nach Zypern gebrachten Pfunden ohnedies um „schwarzes" Geld handelt. Es kommt sogar vor, daß Griechen in England sich von Landsleuten Grundstücke in Zypern weiterverkaufen lassen, die sie nie zuvor selbst gesehen haben. Auch für die Auslandszyprer stehen neben dem Wunsch nach einer sicheren, von englischen Finanzbehörden nicht zu erreichenden Form der Geldanlage zweifellos ebenso stark spekulative Erwartungen. Dies macht es verständlich, daß das auslandszyprische Interesse weit mehr auf — leicht wiederverkäufliche — Baugrundstücke gerichtet ist als auf fertige Bungalows oder Appartements, die dementsprechend auch weniger angeboten werden.

c) Ökonomische und nicht-ökonomische Motive bei Grundstückskäufen

Die Auslandszyprer verhalten sich damit ganz der auf der Insel selbst lebenden oberen sozialen Schicht entsprechend, die ja ebenfalls weitgehend aus spekulativer Erwartung Land kauft. Beide Gruppen folgen damit zugleich einer alten, aus agrargesellschaftlicher Zeit Zyperns stammenden Tradition. Als entscheidende Produktionsgrundlage war damals der Besitz von Land nicht nur ökonomisch wichtig, sondern zugleich auch sozialprestigebestimmend und wurde dementsprechend emotional hoch bewertet. Freilich läßt sich nicht übersehen, daß schon damals die emotionale Beziehung des Griechen zu seinem Landbesitz, wie heute, durchaus zwei verschiedene, einander fast entgegengesetzte Komponenten beinhaltet. So hoch die Zyprer Landbesitz auch bewerten mochten, waren sie doch niemals so „schollenverbunden", daß sie bei sich ergebenden Chancen nicht zum Verkauf ihres Landes oder zur Ab- bzw. Auswanderung bereit gewesen wären.

Der in solchem Verhalten sich ausdrückende nüchterne Realitätssinn ist eine Seite zyprischer Mentalität. Andererseits aber zeigt sich die Bevölkerung auf einer ideellen Ebene in erstaunlichem Maße auch heute noch „ihrem" Dorf verbunden. Die gesprächsweise Erwähnung des jeweiligen Heimatdorfes wird auch bei Angehörigen der sozialen Oberschicht, die schon in der zweiten oder dritten Generation in einer Stadt oder im Ausland leben, stets die Bemerkung provozieren, das sei „ihr" Dorf; auch wenn sie dort weder geboren noch aufgewachsen sind, geben sie vor, aus diesem Dorf zu stammen. Die darin zum Ausdruck kommende irrationale Seite des zyprischen Charakters schlägt übrigens in wirtschaftlichen Angelegenheiten häufig durch als ein geradezu waghalsig-abenteuerliches Verhältnis zu Geld und Schulden, zu Spekulation und Risiko und hat nicht selten dazu geführt, daß Zyprer im Ausland zu ansehnlichem Reichtum und Vermögen gekommen sind.

Zwar ist richtig, daß der Erwerb von Grundbesitz traditionsgemäß ein hochbewertetes Ziel ist; es läßt sich aber auch nicht übersehen, daß heute für die kapitalkräftige Oberschicht in Zypern und für die zyprischen Emigranten die Neigung, Land zu kaufen, sehr wohl auch rational motiviert ist. Gibt es doch für eine Geldanlage in Zypern daneben kaum Alternativen, die in ähnlicher Weise Sicherheit und Gewinnchancen miteinander verbinden. Dies gilt um so mehr, als die Abneigung, eigenes Kapital in anonymen Gesellschaften anzulegen, in nahezu allen sozialen Schichten in gleicher Weise stark ausgeprägt ist — sicher ebenfalls ein agrargesellschaftliches Verhaltensrelikt. Selbst bei eigenen Unternehmen sind der Investitionsfreude des Eigentümers psychologische Grenzen gesetzt; da ein hartnäckiges Mißtrauen die meisten Unternehmer davon abhält, die Führung ihres Betriebes in die Hände von familienfremden Arbeitskräften zu legen, wird die Ausweitung eines Unternehmens in eine über die Führungskraft der Familie hinausgehende Größenordnung meist vermieden. Die Schwierigkeiten, die Zyprer als Unternehmer mit der Überwindung solcher Anschauungen haben, zeigen sich beispielhaft an dem hohen Verschleiß bzw. der starken Fluktuation des leitenden Personals der in den letzten Jahren neu eröffneten Hotels.

d) Das „dowry-system"

Die Käufer, die am nichtagraren Bodenmarkt auftreten, wären allerdings nur unzulänglich erfaßt, wenn wir es dabei beließen, hier nur mehr oder weniger kapitalkräftige private und gewerbliche Spekulanten, Ausländer und im Ausland lebende oder heimgekehrte Emigranten anzuführen. In die Darstellung der Nachfrageseite muß unbedingt auch die große Zahl von Familien aus mittleren und unteren Einkommensschichten einbezogen werden. Nicht die Aussicht auf hohe Gewinne beim Wiederverkauf ist es, die sie zum Bodenerwerb animiert; ihre Anstrengungen, Bauland zu kaufen, das für lange Zeit vielleicht unbebaut bleiben wird, erklären sich vielmehr aus den Eigenheiten des ebenfalls noch aus agrargesellschaftlicher Zeit stammenden „dowry-systems".

Es ist heute nämlich immer noch üblich, daß die junge Frau bei ihrer Hochzeit ein eigenes Haus mit in die Ehe bringt. Diese Tradition der Griechen in Zypern ist keineswegs in Auflösung begriffen, eher ist das Gegenteil der Fall. So erheben seit etwa 30 Jahren in totaler Umkehr traditioneller islamischer Verhaltensweisen auch angehende türkische Ehemänner den Anspruch, daß ihre Braut ein Dowry-Haus mit in die Ehe zu bringen habe. Üblicherweise haben die Brauteltern dafür zu sorgen, daß das erforderliche Haus rechtzeitig gebaut wird.

Die Finanzierung eines solchen Mitgift-Hauses führt oft zum Verkauf von Grundbesitz. Die Qualität des Hauses hat dabei in deutlicher Relation zur sozialen oder beruflichen Stellung des Bräutigams zu stehen, so daß die investierte Summe für den Bau nahezu als Indikator für die gesellschaftliche Stellung des Ehemannes gewertet werden kann. Ein Arzt, der seit langem unbestritten an der Spitze der Prestigeskala steht, durfte bis in die jüngste Zeit erwarten, daß seine Frau nicht nur ein Wohnhaus, sondern in der Regel auch eine kleine Klinik mit in die Ehe bringt. Und ein Rechtsanwalt wird sich sicher nicht mit einem bescheiden ausgestatteten Dowry-Haus zufriedengeben, das ein Arbeiter gern zu akzeptieren bereit ist.

Natürlich ließen und lassen sich immer wieder Fälle finden, in denen ein Mädchen auch ohne ein Mitgift-Haus geheiratet wurde; doch noch können sie eher als die Ausnahmen, die die Regel bestätigen, interpretiert werden: Eine 1971 durchgeführte Stichprobenerhebung des Social Research Center in Nicosia ergab, daß von 180 untersuchten Fällen nur knapp 30 Frauen ohne Dowry-Haus geheiratet hatten.

Die Forderung, die Tochter zu ihrer Heirat mit einem Haus auszustatten, steht unter allen Verpflichtungen, die Eltern nach den sozialen Normen der zyprischen Gesellschaft ihren Kindern gegenüber haben, unangefochten an der Spitze. Um ihr entsprechen zu können, versuchen die Eltern, wenn sie nicht ohnedies reich genug sind, in der Regel so früh wie möglich entsprechende Rücklagen zu bilden und zunächst — darin durch steigende Baulandpreise erst recht bestärkt — einen entsprechenden Bauplatz zu sichern. Da viele Familien ein für eine Bebauung geeignetes Grundstück nicht besitzen, geht so von der sozialen Institution des Mitgift-Hauses eine ganz erhebliche Nachfrage nach Bauland aus, die ihrerseits mit dazu beiträgt, daß die Baulandpreise weiter ansteigen.

E. Bau-, Planungs- und Steuergesetzgebung als Rahmenbedingung für das Geschehen am Bodenmarkt

Wir haben schon mehrfach darauf hingewiesen, daß die Bodenspekulation sich nicht nur auf die als „Tourismus-Erwartungsland" bezeichneten strandnahen Grundstücke und auf Industrieerwartungsland seitlich der Hauptverkehrsstraßen beschränkt, sondern auch das für den Wohnungsbau benötigte Bauland sowohl städtischer wie ländlicher Siedlungen betrifft. Selbst in einer so kleinen Gemeinde wie Masari entfiel ein großer Teil der in Karte 21 erfaßten Grundstückskäufe auf landwirtschaftlich kaum nutzbare Kafkallaflächen. Betroffen waren immer nur Parzellen, die unmittelbar an der Straße oder an einem Weg gelegen sind, was seine Erklärung in den Bestimmungen des zyprischen Baurechtes findet. Die gezeigte Bodenspekulation in Zypern ist in ihrem Ausmaß nur zu verstehen, wenn man in Betracht zieht, wie leicht die Umwandlung bislang landwirtschaftlich genutzter Flächen in Bauland durch das gültige Bau- und Planungsrecht gemacht wird. Hinzu kommt, daß steuerliche Maßnahmen, die gegen die Spekulation wirken würden, völlig fehlen.

Drei Bedingungen müssen nach dem „street and building regulation law" von 1946 erfüllt sein, damit eine Parzelle als Bauland genutzt werden kann:

(a) das betreffende Grundstück muß eine Mindestgröße von 5 600 ft^2 (520 qm) und eine Frontlänge von mindestens 70 ft (21 m) aufweisen;

(b) das Grundstück muß eine eigene Zufahrt haben, d. h. an einer Straße oder einem Weg liegen;

(c) das Grundstück muß mit Trinkwasser versorgt werden können.

Was letzteren Punkt angeht, so stellt die seit 1970 gültige Formulierung, wonach der Grundbesitzer den Nachweis erbringen muß, daß die Wasserversorgung des Grundstückes gesichert ist, zweifellos eine Erleichterung vor allem für diejenigen dar, die größere Baulanderschließungsprojekte in Angriff nehmen wollen. Zuvor war nämlich eine vom District Water Development Board auszustellende Bescheinigung vorzulegen, daß die Versorgung aus dem öffentlichen Wasserleitungssystem gewährleistet sei, eine Bedingung, die nicht immer ganz leicht zu erfüllen war. Heute muß dagegen die Genehmigung zur Erschließung bzw. Bebauung auch dann erteilt werden, wenn an Stelle der Zusage der öffentlichen Wasserwerke die Versorgungsmöglichkeit durch Wasser aus eigenem oder fremden Privatbrunnen nachgewiesen wird.

Angesichts dieser Minimal-Bedingungen erfordert die Erschließung von Baugelände nur geringe Investitionen. Der „land developer" wird sich zunächst um die Zusage der Wasserwerke bemühen, seine Grundstücke mit Wasser zu versorgen, oder mit einem Brunnenbesitzer einen entsprechenden Wasserlieferungsvertrag abschließen. Sodann reicht er seinen Plan mit der beabsichtigten Parzellierung des Grundstückes zur Genehmigung ein, die erteilt wird, wenn die vorgeschriebenen Mindestgrößen der einzelnen Bauplätze nicht unterschritten werden.

Die einzig größere Investition besteht bei der Realisierung eines Erschließungsprojektes also im Straßenbau, wobei Führung und Dimensionierung der Straßen dem Developer überlassen bleiben. So kommt es, daß in den meisten Erschließungsgebieten die Teerstraßensysteme — sicher nicht ohne Zutun der mit der technischen Planung meist beauftragten Straßenbaufirma — mit Breiten von 10 bis 12 m oft grotesk überdimensioniert sind und in ihrer Anlage ohne Rücksicht auf die Führung eventueller Erschließungsstraßen auf benachbarten Grundstücken konzipiert sind.

Den Developer scheint das oft wenig günstige Verhältnis von Brutto- zu Nettobaulandfläche nicht zu stören, ebenso wie er an der Qualität des Straßenbaues hinsichtlich verkehrsgerechter Anlage und technischer Durchführung des Baues weniger interessiert ist als daran, Kosten zu sparen; gehen doch die Straßen — und damit die Pflicht zur Unterhaltung nach Fertigstellung — in den Besitz der öffentlichen Hand über.

Außer den pro Meter Straßenlänge mit durchschnittlich Z£ 10—12 zu veranschlagenden Kosten fällt für den Developer nur noch das Verlegen von Wasserleitungen im Erschließungsgebiet an, die bei den kartierten Projekten nirgends fehlten, aber auch in keinem Fall bislang an ein Versorgungssystem angeschlossen werden konnten. Weitere Investitionen, etwa für die Schaffung eines Kanalisationssystems, eines Stromanschlusses oder der Straßenbeleuchtung und dergleichen mehr, sind dagegen nicht gefordert und daher auch nirgends anzutreffen.

Auf Grund der derzeitigen Rechtslage kann also — bei vergleichsweise niedrigen Kosten für den Erschließer — nahezu jedes Grundstück, ob es nun am Rande einer bestehenden Siedlung oder inmitten von landwirtschaftlich genutzten Flächen liegt, in Bauland verwandelt werden. Ohne Zweifel hat dies die Ausbreitung der Bodenspekulation erheblich begünstigt.

Hinzu kommt, daß der Grundbesitz nur in sehr geringem Maß besteuert wird. Da die besteuerten Werte weit unter dem Marktwert eines in Bauland umgewandelten Grundstückes liegen und der Steuersatz 1,5 % nicht übersteigt, stellt die Grundsteuer für den Landbesitzer nur eine minimale Größe dar, die auf seine Dispositionen keinen Einfluß hat.

Eigens gegen die Bodenspekulation gerichtete steuerliche Maßnahmen, etwa die gesonderte Besteuerung ungenutzter oder unbebauter Grundstücke oder die Besteuerung von Spekulationsgewinnen, sind weder vorhanden noch in den nächsten Jahren zu erwarten, da die daraus mit Sicherheit resultierenden Konflikte angesichts der politischen Lage von der Regierung nicht riskiert werden können. Besonders bemerkenswert aber scheint in dem Zusammenhang zu sein, daß Änderungen der derzeitigen „liberalen" Steuer- und Bodenpolitik, die objektiv den Interessen der wirtschaftlich Starken entspricht, auch von der Mehrheit der wirtschaftlich schwachen sozialen Grundschicht nicht nur nicht gefordert, sondern nachdrücklich abgelehnt werden. Das erklärt sich zum Teil sicher daraus, daß die meisten Familien wenigstens etwas Land besitzen. Gerade die wirtschaftlich schwachen Familien werden, sofern sie ein Grundstück besitzen, das als Bauplatz in Frage käme, dieses nach Möglichkeit in ihrem Besitz zu halten versuchen, um später einmal ihren Verpflichtungen, die sich aus dem bereits geschilderten Dowry-System ergeben, nachkommen zu können.

Die ablehnende Haltung der Bevölkerung gegenüber steuerlichen Maßnahmen, die der Bodenspekulation entgegen wirken würden, entspricht aber auch der relativ liberalen Grundstruktur der zyprischen Gesellschaft, in der gerade die Schicht der „Reichen" einem steten Wechsel unterworfen und somit „offen" ist. Für diese Offenheit spricht sehr eindrucksvoll z. B. die Tatsache, daß die von mehreren erwachsenen Geschwistern jeweils gebildeten Kleinfamilien wirtschaftlich sehr unterschiedlich gestellt sein können, ohne daß dadurch die immateriellen Beziehungen innerhalb des gesamten Familienverbandes gestört würden.

F. Wandlungen des Bodenpreisgefüges und der Bodenmobilität als Begleiterscheinungen von Entwicklungsprozessen

Überblicken wir zusammenfassend die Vorgänge auf dem gesamten Bodenmarkt Zyperns, so können wir trotz des Mangels an detailliertem statistischen Material doch einige wichtige Veränderungen des Bodenpreisgefüges klar feststellen. Sie stehen ganz offenbar mit dem sozialen und wirtschaftlichen Wandel in Zusammenhang, den die Insel seit den fünfziger Jahren erfahren hat:

Auch zu Zeiten, die vor dem Einsetzen dieser Wandlungen liegen, zu Zeiten einer weitgehend auf Subsistenzwirtschaft beruhenden Agrargesellschaft also, gab es natürlich Preisunterschiede am Bodenmarkt. Seither hat sich jedoch die Preisentwicklung für die einzelnen Kategorien von Land sehr unterschiedlich gestaltet. Preisrückgängen etwa für Weinfelder im Gebirge stehen sowohl mäßige Wertsteigerungen für Trockenfeldland in der Ebene als auch außergewöhnliche Preissteigerungen für ganzjährig bewässerte Parzellen einerseits, Bauland andererseits gegenüber. Der nichtagrare Bodenmarkt hat sich durch die neu hinzugekommen, von Industrie und Tourismus ausgehenden Flächenansprüche weiter differenziert und zugleich an Umfang und Bedeutung stark zugenommen.

Das hat dazu geführt, daß heute nicht mehr wie vordem die verschiedenen Typen von Bewässerungsland, also landwirtschaftlich genutzte Flächen, an der Spitze der Bewertungsskala stehen. In der Gegenwart liegen vielmehr die Preise für Land weitaus höher, das nichtagraren Nutzungen zugeführt werden soll. Zugleich hat die Spannweite der Preisskala sowohl insgesamt als auch innerhalb der einzelnen Teilmärkte erheblich zugenommen.

Solche Veränderungen im Bodenpreisgefüge scheinen sozialgeographisch von hohem Interesse zu sein, da Bodenpreise sicher ein Maß für die Wertschätzung einer Fläche sind. Der wirtschaftliche und soziale Strukturwandel, der mit dem „Entwicklungsprozeß" in einem Land wie Zypern verbunden ist, kann zu einem wesentlichen Teil über die Bodenpreise und deren Veränderungen erfaßt werden, weil Wandlungen im sozialen Bereich meist auch zu Änderungen in der Bewertung von bestimmten Räumen, und d. h. auch von einzelnen Grundstücken führen werden. Das schließt ein, daß eine solche Bewertung häufig nicht allein auf einem bereits vollzogenen sozioökonomischen Strukturwandel beruht, sondern oft nur auf Grund bestimmter Entwicklungserwartungen, also spekulativ, vorgenommen wird. Ja, die spekulative Gestaltung von Bodenpreisen scheint unter politischen und gesellschaftlichen Rahmenbedingungen, wie sie in Zypern gegeben sind, eine sehr typische, mit den Entwicklungsprozessen des Landes verbundene Erscheinung zu sein.

Darüber hinaus lassen sich durch die Zusammenschau der regionalen Differenzierungen von Bodenpreisen und Bodenmobilität Räume unterschiedlicher Entwicklungsstruktur ausgliedern. Auf Grund einer Stichprobe, die aus einer sämtliche Kaufverträge für Land innerhalb eines bestimmten Zeitraumes umfassenden Grundgesamtheit gezogen werden sollte, war die Erstellung einer Karte des Bodenmarktes in Zypern beabsichtigt. Dieser Vorsatz konnte jedoch nicht realisiert werden, da die Genehmigung zur Einsicht in die entsprechenden Akten, wie erwähnt, nicht zu erlangen war. So können wir hier nur das erwartete Ergebnis einer solchen Karte skizzieren, bei der wohl folgende drei Grundtypen unterscheidbar wären:

(a) *Dynamische Räume,* d. h. Räume, in denen bei überdurchschnittlich hohen Preisen und steigender Preistendenz überdurchschnittlich viel Grundstücke verkauft worden sind.

(b) *Stabile Räume,* d. h. Gebiete, in denen trotz hoher Preise unterdurchschnittlich wenig Landverkaufsfälle zu registrieren sind.

(c) *Stagnierende Räume oder Entleerungsgebiete,* d. h. Räume, in denen bei unterdurchschnittlichen Preisen und fallender Preistendenz relativ wenig Land verkauft wird.

Als dynamische Räume würden sich dabei in Zypern ausgliedern lassen die Hauptstadt Nicosia und ihr Umland im Umkreis von ca. 15 km, wobei dieses Gebiet längs der Straßen nach Famagusta, Larnaca, Limassol und Morphou in fingerförmig schmalen Streifen sich um weitere 15 km fortsetzen dürfte. In die gleiche Kategorie fiele auch der gesamte Küstenstreifen, an der Nordküste bis 5 km landeinwärts reichend, mit weit landeinwärts gerichteten Ausbuchtungen im Bereich der Städte, vornehmlich um Famagusta, Larnaca und Limassol.

Auszunehmen sind lediglich die Abschnitte, die von den englischen Militärbasen eingenommen werden. Auch die auf die Tillyria entfallende, von den Türken abgeriegelte Küstenstrecke wäre ebenso wie ein kurzes Küstenstück bei Xerox auszugliedern, wo die vorhandenen Erzverschiffungseinrichtungen die Küste bereits besetzt halten und damit eine künftige touristische Nutzung unwahrscheinlich machen.

Als positiv stabile Räume würden insbesondere die Bewässerungsgebiete hervortreten, während der Südabfall der Nordkette, das Innere der Halbinsel Karpass, der gesamte Paphosdistrikt, Troodos, Pitsilia und das Hinterland von Larnaca als stagnierende Gebiete oder Entleerungsräume in Erscheinung treten würden.

IV. Siedlungs- und wirtschaftsgeographische Auswirkungen der Bodenpreisentwicklung

A. Allgemeine Folgen der gestiegenen Bodenpreise

Bodenpreise und die davon abhängigen Grundrenten stellen als Grundstückskosten zugleich auch einen Faktor dar, der seinerseits auf die Struktur und Entwicklung eines Raumes Einfluß nehmen kann. Für die Land verkaufenden Bevölkerungsschichten hängt es z. B. nicht zuletzt von der Höhe der Bodenpreise ab, zu welchen Investitionen sie durch die Einnahmen aus dem Verkauf von Land finanziell instand gesetzt werden.

Ein Anhalten des Steigens der Bodenpreise wird sich zweifellos dämpfend auf die Verkaufsbereitschaft auswirken, genauer gesagt, es wird selektiv auf die Entwicklung der Landbesitzstruktur insofern wirken, als nur diejenigen Landbesitzer, die dringend auf Bargeld angewiesen sind, zum Verkauf ihres Landes bereit sein werden. Die kapitalkräftigere soziale Schicht wird sich dagegen in Erwartung noch höherer Preise zurückhaltend zeigen, ihr Anteil am gesamten Landbesitz daher wachsen.

Zu den wichtigsten unmittelbaren Folgen der hohen Baulandpreise gehört auch, daß sich die Spekulation weiterhin auf Grundstücke richten wird, bei denen ein Umwandlungseffekt möglich erscheint. Das wird zu einer weiteren Umwandlung bisherigen Trockenfeldlandes in Bewässerungsland führen, ohne Rücksicht auf die hydrologisch gesetzten Grenzen, und damit zu einer sehr ernst zu nehmenden Gefährdung des Bewässerungsanbaues in Zypern überhaupt, und zwar nicht erst in ferner Zukunft, sondern durchaus in absehbarer Zeit. Die Spekulation wird darüber hinaus in noch stärkerem Umfang als bisher zur Umwandlung bisher agrarisch genutzten Bodens in Bauland führen.

Vor allem aber wird sowohl die agrare wie die nichtagrare Landnutzung, insbesondere Art und Dichte der Bebauung, sehr wesentlich durch die Bodenpreise beeinflußt, zumal diese Nutzung infolge mangelnder oder unzureichender gesetzlicher Grundlagen fast völlig dem „freien Spiel der Kräfte" überlassen bleibt. Boden- und Baurecht ermöglichen die fast absolute Verfügungsgewalt des Eigentümers über die Verwendung seines Grundbesitzes; vor allem der Landspekulation steht um so mehr Tür und Tor offen, als dagegen gerichtete steuerliche Maßnahmen, wie erwähnt, nicht ergriffen werden.

Die einzige Möglichkeit für staatliche Raumordnungmaßnahmen ergab sich aus dem vom Jahr 1946 stammenden Street and Building Regulation Law, in dem der Regierung das Recht zugebilligt ist, bestimmte Räume zu Zonen zu erklären, in denen bestimmte Nutzungen ausgeschlossen sind, bestimmte Geschoßhöhen vorgeschrieben sind und ein bestimmtes Verhältnis von bebauter zu unbebauter Fläche eingehalten werden muß. Von dieser Möglichkeit wurde vor allem in Nicosia und an der Nordküste Gebrauch gemacht, ohne daß damit freilich die wichtigsten raumordnerischen Probleme gelöst worden wären.

B. Die Entwicklung der „tourist areas" unter dem Einfluß der Bodenspekulation

Die Konsequenzen aus dem Fehlen eines geeigneten raumordnerischen Instrumentariums für die Regierung ließen nicht auf sich warten: Am schnellsten und wohl eindrucksvollsten zeigte sich der mit dem vorherrschenden liberalistischen Eigentumsverständnis verbundene Mangel an Planung sicher in Famagusta, das sich nach 1967 zum führenden Touristenzentrum Zyperns entwickelt hat. Innerhalb weniger Jahre ist dort eine etwa 8 km lange Strandzone südlich des Hafens vollständig mit Hotels und 6–8stöckigen Appartementhochhäusern bebaut worden und damit in ähnlicher Weise verbaut, wie dies in italienischen oder spanischen Fremdenverkehrszentren zu beobachten ist. Die Chance, die in der Tatsache seiner relativ späten Erschließung für den Tourismus lag, war damit verpaßt. Obwohl den Planern die andernorts bereits begangenen Fehler durchaus als solche bekannt waren, konnten sie ihre Wiederholung in Zypern dennoch nicht verhindern.

Besonders ungünstig wirkte es sich aus, daß in Famagusta die Grundstückspreise nach laufenden Metern Strandlänge berechnet wurden. Das hat oft zu einer extrem schmalen Parzellierung der Strandgrundstücke geführt, so daß sich nun auf langen Strecken — nur durch den gesetzlich vorgeschriebenen Mindestabstand von je 10 ft (= insgesamt also 6 m) getrennt — nicht selten nur drei bis fünf Meter breite, aber 15 bis 30 m lange, 6–8geschossige Betonbauten aneinanderreihen (HEINRITZ 1972, S. 273). Selbstverständlich hatten die Fachleute in der Regierung eine solche Entwicklung vorausgesehen und vor ihr gewarnt. An Vorschlägen, wie sie durch Planung in den Griff zu bekommen sei, hat es auch nicht gegefehlt; doch die zur Durchführung dieser Vorschläge erforderliche Rechtsgrundlage, ein Landesplanungsgesetz, lag jahrelang in den verschiedenen Parlamentsausschüssen. Seit dem Frühjahr 1973 ist es nun zwar verabschiedet, doch fehlen die zu seinem Vollzug erforderlichen Durchführungsbestimmungen. Sie werden wohl auch, da politisch brisant, noch eine gute Weile auf sich warten lassen. Sollten sie doch beschlossen werden, so wird es höchstwahrscheinlich zu einer ganzen Reihe von Verfassungsklagen durch kapitalkräftige Interessenten kommen, deren Erfolgsaussichten nicht ungünstig zu beurteilen sind. Es ist daher damit zu rechnen, daß auch noch in den nächsten Jahren die Entwicklung wie bisher dem „freien Spiel der Kräfte" überlassen bleibt, ein Spiel, in dem die Bodenpreise, wie wir gesehen haben, eine entscheidende Rolle spielen.

C. Einflüsse der Baulandpreise auf die Stadtentwicklung

1. Ausdehnung städtischer Siedlungsflächen bei abnehmender Bevölkerungsdichte

Fragen wir nach den Auswirkungen, die der rapide, ungebremste Anstieg der Bodenspekulation und der Grundstückspreise auf die Entwicklung der Städte Zyperns, insbesondere auf Nicosia, Limassol, Famagusta und Larnaca, gehabt hat, so ist zunächst einmal die enorme Ausdehnung der städtischen Siedlungsflächen bei gleichzeitig überaus geringen Bebauungs- und Bevölkerungsdichten anzuführen. Gerade die Bevölkerungsdichte — auf Grund der Bevorzugung des Einfamilienhauses schon traditionell gering — wird durch den hohen Anteil von erschlossenen, aber noch nicht bebauten Grundstücken einerseits, von noch nicht erschlossenen „Spekulationsbrachflächen" andererseits weiter herabgedrückt.

Im Stadtgebiet von Larnaca zählte man nach Angaben der Stadtverwaltung im Frühjahr 1973 nahezu 3 000 bereits erschlossene Bauplätze, deren Zahl kontinuierlich ansteigt, und zwar sehr viel schneller, als die städtische Bevölkerung wächst. In Kyrenia hat die Baulanderschließung zwischen 1966 und 1971 den Umfang des Stadtgebietes mehr als verdoppelt. In Nicosia lagen, einem Report des UN-Experten DESMOND zufolge, 1970 mindestens 12 000 erschlossene Bauplätze unbenutzt. Wären sie und die ihrer Erschließung harrenden Flächen innerhalb des Stadtgebietes mit Einfamilienhäusern bebaut, so könnte nach einer Schätzung des Department of Town Planning and Housing Nicosia das Doppelte seiner jetzigen Einwohnerzahl aufnehmen, ohne über seine derzeitigen Bebauungsgrenzen hinauszuwachsen.

Abb. 25 und 26 mögen die geringen Baudichten in Nicosia illustrieren. Sie erfassen einen innenstadtnahen Teil im griechischen Sektor von Nicosia, der im Süden von der Hauptausfallstraße nach Limassol und im Westen von einer Art „Mittlerer Ring" begrenzt wird. Dieses Gelände,

Abb. 25. Baubestand: Nicosia

Abb. 26. Baualter: Nicosia

das nach Nordosten hin ansteigt, bot der Bebauung einige technische Schwierigkeiten, da infolge der dort anstehenden Tonschichten umfangreiche und teuere Fundierungsarbeiten erforderlich sind, so daß dort bis zum Zweiten Weltkrieg nur wenige Häuser gebaut worden sind. Heute muß dieser Raum auf Grund seiner zentrumsnahen Lage zu den hoch bewerteten Baugebieten der Stadt gerechnet werden, in dem die Grundstückspreise so hoch liegen, daß die 1973 auf ca. Z£ 5 000 für Fundierungsarbeiten im Vergleich zu anderen Stadtteilen zu veranschlagenden Mehrkosten demgegenüber kaum mehr eine Rolle spielen.

Das gesamte Gelände gehörte ursprünglich einem Türken, der in den dreißiger Jahren einen Teil davon einem griechischen Arzt als Honorar überließ, den Rest wenig später einem reichen Armenier verkaufte. Der Wert des gesamten Grundbesitzes betrug damals etwa Z£ 200. Die beiden neuen Besitzer erschlossen das Gelände als Baugelände und begannen mit dem Verkauf von Bauplätzen, wobei der offenbar kapitalkräftigere Armenier auch heute noch eine erhebliche Anzahl von Parzellen besitzt (z. B. die westliche Seite der Naxos-Street), wenn auch ein großer Teil der 66 im Kartenausschnitt erfaßten, unbebauten Grundstücke mittlerweile den Besitzer gewechselt hat.

Obwohl das phantasielose Aufteilungsschema, nach dem die Erschließung bzw. Parzellierung vorgenommen worden ist, eine ebenso einheitlich-eintönige Bebauung erwarten ließe, ist hinsichtlich des Baualters und der Physiognomie ebenso wie hinsichtlich der Nutzung eine überraschende Uneinheitlichkeit zu konstatieren, der auch eine starke soziale Durchmischung des Wohngebietes entspricht.

2. Verteuerung der Baukosten und Rückgang des Wachstums der städtischen Bevölkerung

Die Bautätigkeit auf der Insel hat in den letzten Jahren ohne Zweifel erheblich zugenommen; allein zwischen 1964 und 1968 verzeichnen die Investitionen im Hochbau jährliche Zuwachsraten von 25 %, während das Wachstum des Brutto-Inlandproduktes in dieser Zeit nur knapp 10 % im Jahr betrug. Dabei darf man freilich nicht übersehen, daß im Verlauf der vergangenen 10 Jahre die Zahl der Familien, die den Bau eines eigenen Hauses finanzieren können, merklich zurückgegangen ist. Schuld daran ist nicht zuletzt der Mangel an geeigneten Finanzierungsmöglichkeiten. Die Banken geben in der Regel nur Kredite, die maximal 60 % der reinen Baukosten decken. Die Zinsen dafür sind hoch, die Laufzeiten selten über 7 Jahre.

Die Mittel für den Erwerb eines Bauplatzes können in der Regel durch Bankkredite nicht aufgebracht werden, sondern sind auf anderem Wege zu beschaffen. Wir haben schon darauf hingewiesen, daß der Verkauf von ererbtem oder von den Eltern als Mitgift geschenktem Grundbesitz eine der wichtigsten Finanzierungsquellen für private Bautätigkeit darstellt. In welchem Ausmaß davon Gebrauch gemacht wird, zeigt eine — durchaus ernstzunehmende — Schätzung eines UN-Experten, wonach im Jahre 1969 nicht weniger als 7 Mill. Z£ auf diese Weise für den privaten Wohnungsbau aufgebracht worden sind (das Gesamtvolumen des Wohnungsbaues wurde für das gleiche Jahr mit insgesamt 15 Mill. Z£ angegeben!). Aus dieser Zahl fällt sicher ein bezeichnendes Licht auf das Ausmaß der Transaktionen am Bodenmarkt — und damit auf die Verschiebungen in der Grundbesitzstruktur!

Das Ansteigen der Preise für Bauland stellt ohne Zweifel einen immer größer werdenden Teil der Bevölkerung vor kaum lösbare Probleme. Mittlerweile erreichen nach einer Musterkalkulation von DESMOND (1970) die Grunderwerbskosten für einen Standardbauplatz im Stadtgebiet von Nicosia fast die gleiche Höhe wie die übrigen Baukosten. Nach einer Studie, die im Department of Town Planning and Housing in Nicosia erarbeitet wurde, betrugen die Grunderwerbs- und Baukosten 1971 — vor allem infolge der Höhe der Bodenpreise — mehr als das Neunfache des Durchschnittsjahreseinkommens einer zyprischen Familie. Dementsprechend waren nur mehr Angehörige der sozialen Oberschicht in der Lage, innerhalb der Stadtgebiete von Nicosia, Limassol oder Famagusta zu bauen. Das bedeutet einerseits, daß die neugebauten Bungalows ausgesprochen aufwendig und luxuriös gestaltet sind, andererseits aber auch, daß die Wohnbautätigkeit innerhalb der Städte zurückgegangen ist und damit auch das Wachstum der städtischen Bevölkerung abgebremst wurde.

Mit einigen Zahlen sei diese Entwicklung belegt: Während die Bevölkerung von Nicosia einschließlich der eingemeindeten Vororte zwischen 1946 und 1960 jährlich um 4,3 % zugenommen hatte, erreichte in der folgenden Dekade das Bevölkerungswachstum der Stadt nur noch einen Wert von 1,8 %. Berücksichtigt man nun, daß in diesen Wert auch der sehr massive Flüchtlingsstrom in den türkischen Teil der Stadt eingerechnet wurde, und betrachtet nur den griechischen Bevölkerungsteil, so beträgt dessen jährlicher Zuwachs zwischen 1960 und 1969 nur mehr etwa 1 %. Dagegen haben die im Umkreis von 15 Minuten Fahrzeit mit dem Pkw von Nicosia entfernt gelegenen ländlichen Gemeinden in dieser Zeit einen jährlichen Bevölkerungsgewinn von 4 % zu verzeichnen.

Ähnlich verlief die Bevölkerungsentwicklung in Limassol, dessen jährliche Wachstumsrate von 6,7 % zwischen 1946 und 1960 auf 2,7 % in der folgenden Dekade zurückging, während die Einwohnerzahlen der umliegenden Gemeinden in dieser Zeit (von 15 800 auf 26 300) um 5,8 % pro Jahr gestiegen sind und damit zu den wachstumsstärksten Gemeinden Zyperns zählen. Auch in Famagusta verlangsamte sich das Bevölkerungswachstum, das zwischen 1946 und 1960 5,6 % betragen hatte, auf jährlich 1,6 %, während der Bevölkerungszuwachs der umliegenden Gemeinden auch hier den der Stadt weit übertrifft.

Das Absinken der jährlichen Wachstumsraten der Bevölkerung der Städte signalisiert keineswegs ein Ende des Urbanisierungsprozesses auf der Insel. Es reflektiert vielmehr nur die Schwierigkeiten, die dem größten Teil der zuzugswilligen Bevölkerung aus den überaus hohen städtischen Baulandpreisen erwachsen, wenn sie dort ein eigenes Haus bauen wollen. Das aber sollten und wollen sie gemäß den sozialen Normen der zyprischen Gesellschaft, insbesondere ihrer basisnahen Schichten, besitzen. So entscheiden sie sich immer häufiger dafür, das gewünschte Haus in einem der stadtnahen Dörfer zu errichten. Von dort aus suchen sie als Pendler ihre in der Stadt befindlichen Arbeitsplätze auf, was technisch angesichts des Standes der Verkehrserschließung und der Motorisierung heute ohne weiteres möglich ist.

So sind infolge der Verlangsamung des städtischen Bevölkerungswachstums die Pendlerzahlen ganz erheblich angestiegen; wird doch in Nicosia bereits jeder zweite Arbeitsplatz von einem Einpendler eingenommen, und auch Limassol und Famagusta haben sehr erhebliche Pendleranteile.

Das Steigen der Baulandpreise hat also, wie oben gezeigt wurde, besonders in den Städten zu einem Rückgang der Bautätigkeit geführt. Das läßt sich auch für das kartierte Beispielsgebiet in Nicosia zeigen: Dort hat sich — ungeachtet der vorzüglichen, zentrumsnahen Lage und zahlreicher Bauplätze — die Bebauung zwischen 1960 und 1969 im Vergleich zum vorhergehenden Jahrzehnt ebenfalls verlangsamt.

Ein Vergleich der Karten 27 und 28 zeigt darüber hinaus sehr klar, daß die vor 1960 erbauten Wohnhäuser in der Regel ein- bis zweigeschossig sind, jüngere, vor allem nach 1969 begonnene Wohnbauten dagegen meist mehrgeschossig errichtet werden. Nicht wenige ältere, eingeschossige Wohnhäuser wurden in den letzten Jahren aufgestockt — was technisch infolge der Flachdach-Betonbauweise keine Schwierigkeiten bereitet —, um so wenigstens zu einer eigenen Wohnung für die Tochter zu kommen, wenn schon ein eigenes Haus infolge der hohen Grundstückskosten unerschwinglich wurde.

Es finden sich aber auch einige Fälle in unserem Kartierungsbeispiel, wo auf eine Parzelle noch ein zweites Haus als Dowry-Haus gezwängt worden ist. Ist die Familie finanziell weder zu einer Aufstockung noch zu einem Neubau auf dem gleichen Grundstück in der Lage, dann kommt es nicht nur vereinzelt vor, daß die Eltern ihr Haus der Tochter überlassen und selbst in eine fast Notunterkunft zu nennende Behausung, etwa eine notdürftig umgebaute Garage, umziehen.

3. Neue Wohnformen: Eigentums- und Mietwohnungen

Bei entsprechendem Eigenkapital des Hausbesitzers können die gestiegenen Grundstückspreise auch zum Abbruch des alten Hauses führen, das durch einen meist vierstöckigen Neubau ersetzt wird. Die neuen Wohnungen werden entweder mit Gewinn verkauft oder vermietet. Es kommt aber auch vor, daß kapitalschwache Althausbesitzer auf Angebote von Bauunternehmen eingehen und ihnen ihr Grundstück überlassen, damit jene den Abbruch des alten und den Neubau eines mehrgeschossigen Hauses besorgen, wobei der bisherige Eigentümer mit zwei bis drei der neu errichteten Eigentumswohnungen entschädigt wird. Insbesondere die an der Hauptstraße gelegenen Eckgrundstücke sind in unserem Kartierungsbeispiel von der letztgenannten Verhaltensvariante betroffen.

Die neuen Eigentumswohnungen waren anfänglich nur schwer zu verkaufen. Hinsichtlich der Größe und Ausstattung erfüllten solche Wohnungen in der Regel durchaus gehobene Ansprüche, dennoch standen und stehen vor allem teuere Objekte oft über mehrere Jahre hin leer. Als Käufer kamen — abgesehen von Ausländern, die sich in Famagusta oder Kyrenia eine Ferienwohnung kaufen wollten — ausschließlich Angehörige der oberen Mittelschicht und der Oberschicht in Betracht. Sie allein sind nämlich in der Lage, die Wohnungen bar zu bezahlen — der Mangel an günstigen Finanzierungsmöglichkeiten wurde als eines der schwierigsten Probleme des Wohnungsbaues in Zypern ja schon erwähnt.

Hinzu kommt, daß auch von Angehörigen der einfacheren Schichten das eigene Haus einer Eigentumswohnung noch immer vorgezogen wird. Wie ein Blick in die Ergebnisse des Zensus von 1960 zeigt, hat damals sowohl auf dem Lande als auch in den Städten der überwiegende Teil der zyprischen Familien im eigenen Haus, nur ein kleinerer Teil in einem gemieteten Einfamilienhaus gewohnt; Eigentumswohnungen in mehrgeschossigen Häusern waren dagegen fast völlig unbekannt. Nachdem viele der neugebauten Eigentumswohnungen zunächst nicht verkauft werden konnten, sind die meisten Bauunternehmen bzw. auch private Bauherren inzwischen dazu übergegangen, solche Wohnungen vorerst zu vermieten, um finanzielle Einbußen zu vermeiden. Auch solche Mietwohnungen in mehrstöckigen Gebäuden stellen eine Form von Wohnungsangebot dar, das für Zypern noch sehr neu und ungewohnt ist.

Zur Miete stand früher ja nur ein kleiner Teil der vorhandenen Einfamilienhäuser, sei es, daß sie als vorzeitig errichtete Dowry-Häuser bis zur Hochzeit der Tochter vermietet wurden, sei es, daß der betreffende Bauherr das neuerbaute Haus zunächst vermieten mußte, um mit den Mieteinnahmen aufgenommene Baudarlehen tilgen zu können. Mieter waren damals vornehmlich in Nicosia lebende Engländer, denen relativ hohe Mieten abverlangt werden konnten.

Wer kommt nun heute als Mieter der neugebauten unverkäuflichen Eigentumswohnungen in Frage? Das sind einmal Regierungsdienststellen oder ausländische Gesellschaften, die den angemieteten Wohnraum als Büros nutzen. Zum zweiten kommen wieder die in Zypern lebenden Ausländer in Frage, neuerdings aber auch die nach Abschluß ihres Studiums von Europa zurückgekehrten jungen Akademiker des Landes. Ihre Zahl ist ständig im Wachsen, befanden sich doch 1973 nicht weniger als ca. 16 000 junge Zyprer zum Studium an einer ausländischen Hochschule. Die meisten von ihnen haben die Absicht, nach Zypern zurückzukommen, ziehen es dann allerdings vor, eine zentrumsnahe Stadtwohnung in Nicosia zu mieten, anstatt in einem Dorf in der Nähe Nicosias im eigenen Haus oder bei ihren Eltern in ihrem Heimatdorf zu wohnen.

4. Viertelsbildung und soziale Segregation

Erst mit wachsendem Anteil von Mietwohnungen am gesamten Wohnungsbestand stellen sich nun auch die Voraussetzungen für innerstädtische Wanderungen ein. Ihr Fehlen hatte bisher dazu geführt, daß von einer sozialgruppenspezifischen Viertelsbildung in den zyprischen Städten allenfalls insofern gesprochen werden konnte, als eine gewisse räumliche Segregation der ethnischen Gruppen mehr oder weniger streng ausgeprägt war. Griechen, Türken, Armenier und Engländer waren in ihren jeweiligen Stadtgebieten sozial bunt gemischt, wobei die Türken aus historisch verständlichen Gründen vorzugsweise innerhalb der Stadtmauern zu finden sind.

Von einer der sozialen Stratigraphie entsprechenden Ausbildung von Vierteln mit vermögenden Bewohnern hohen sozialen Ranges einerseits und von Gebieten einkommensschwacher Schichten andererseits oder gar der Entstehung von Slums konnte dagegen bislang keine Rede sein.

Daß neben dem hochkomfortablen Bungalow eines vermögenden und einflußreichen Rechtsanwaltes das bescheidene Häuschen eines Bauarbeiters steht, spiegelt nicht nur die liberale Verfassung einer „offenen" Gesellschaft. Ein solches Nebeneinander erklärt sich nicht zuletzt auch aus den Grundbesitzverhältnissen und daraus, daß die Erschließung von Baugelände privater Initiative überlassen bleibt. Sie geschieht daher oft planlos und nur in kleinem Maßstab, ja betrifft nicht selten nur einzelne Grundstücke. Ein Wohngebiet konnte um so eher eine recht heterogene Sozialstruktur erhalten, als bei der Umwandlung bislang landwirtschaftlich genutzten Geländes in Bauland der ursprüngliche Grundbesitzer, gleich welcher Einkommensgruppe er angehört, in der Regel wenigstens einen Bauplatz für sich selbst reservierte. Da er die übrigen Baugrundstücke aber so teuer wie möglich zu verkaufen trachtet, geschieht es nicht selten, daß er Nachbarn erhält, die einer wesentlich höheren Einkommensgruppe angehören.

Solange der Anteil der Mietwohnungen und der vermieteten Häuser nur relativ klein war, waren die Voraussetzungen für eine spätere Entmischung durch räumliche Mobilität kaum gegeben: Jede Familie blieb eben in der Regel in ihrem Einfamilienhaus wohnen. So sind die nach 1950 neugebauten Außenviertel Nicosias — aber auch die der anderen Städte — sozial sehr gemischt strukturiert. Erst in neuerer Zeit beginnen sich bestimmte Viertel sozial zu entmischen. Die hohen Bodenpreise wirken sich hinsichtlich der Neuzuzüge sozial selektiv aus: Die neuen Stadtteile ziehen nur mehr kapitalkräftigere Schichten an, während die ländlichen Gemeinden im Umkreis um die Städte zu Wohngebieten der Arbeiterbevölkerung werden. Auch die Altstadtquartiere und die in das Stadtgebiet eingegliederten alten Dorfkerne heben sich als Wohngebiete sozial schwächerer Schichten ab. Die wirtschaftlich besser gestellten Familien, die sich es leisten können, ein neues, d. h. komfortableres Wohnhaus zu bauen, wandern nämlich aus der Altstadt und den alten Dorfkernen ab. So liegt heute der Anteil der nicht vom Besitzer bewohnten Häuser in der Altstadt Nicosias deutlich über dem Durchschnitt. Ähnliches gilt für die älteren Stadtkerne auch der anderen Städte Zyperns.

D. Die Lokalisation von Gewerbe- und Industriebetrieben

Umgekehrt verhält es sich hinsichtlich der gewerblich genutzten Gebäude. Die überwiegende Zahl der Ladengeschäfte in der Altstadt Nicosias ist nicht gemietet, sondern ist Eigentum ihrer Inhaber, während außerhalb der Stadtmauern der größte Teil der Läden sich in gemieteten Lokalen befindet.

Unbestreitbar haben für Ladengeschäfte und Dienstleistungsbetriebe die Standorte außerhalb der Altstadt, etwa im Bereich des „Metaxas Square" und der „Archbishop Makarios III-Avenue", in jüngster Zeit sehr an Attraktivität gewonnen. Das ist natürlich zunächst eine Folge der Teilung des Altstadtgebietes. Durch die Green Line gerieten bisher zentral gelegene Geschäftsstraßen in eine Randlage. So stießen die in den neugebauten Hochhäusern außerhalb der Altstadt befindlichen Ladenlokale zunächst auf lebhafte Nachfrage. Daher beschloß jeder Bauunternehmer und jeder Privatmann, der ein mehrgeschossiges Haus in Planung hatte, das Erdgeschoß für Ladenräume vorzusehen, gleichgültig, ob sein Gebäude an einer belebten Verkehrsstraße, in einer reinen Wohnstraße oder in einem bislang nur sehr sporadisch bebauten Gebiet errichtet werden sollte. Heute deuten freilich viele leer stehende Geschäftsräume bereits darauf hin, daß infolge der allzu starken Bautätigkeit bereits ein Überangebot besteht. Zahlreiche der in ungünstigen Lagen befindlichen Läden sind unvermietbar, dort eröffnete Geschäfte florierten nur wenig und mußten daher bald wieder schließen bzw. von dort abziehen.

Die funktionale Uneinheitlichkeit der in den letzten 20 Jahren neu entstandenen Teile von Nicosia wird schließlich dadurch gestärkt, daß neben Wohnungen, Büros und Einzelhandelsgeschäften auch Gewerbe-, Großhandels- und Industriebetriebe nahezu überall im Stadtgebiet zu finden sind. Das hängt wiederum damit zusammen, daß jeder, der irgendwo im Stadtgebiet ein Grundstück besaß, es den eigenen Bedürfnissen entsprechend bebauen durfte und davon — angesichts der hohen Grundstückspreise — auch Gebrauch gemacht hat. Zwar hat die Regierung das Instrument des „zonings" insoweit angewandt, als sie Stadtgebiete ausgewiesen hat, in denen die Errichtung von Fabriken verboten wurde, andere Viertel dagegen dazu bestimmt wurden, vorzugsweise Industrieanlagen aufzunehmen. Die Deklaration eines Stadtgebietes als Industriezone hatte jedoch in Nicosia wie in den anderen Städten, insbesondere in Famagusta, für die tatsächliche Industrieansiedlung nahezu prohibitive Folgen: In den ausgewiesenen Stadtteilen wurden geeignete Grundstücke bald unerschwinglich teuer.

Eben dies hat dazu geführt, daß viele der in den letzten Jahren neu errichteten oder erweiterten Betriebe sich jenseits der Stadtgrenzen an irgendeiner Hauptstraße niedergelassen haben. Das Ergebnis ist, wie bereits gezeigt, daß die Bodenspekulation längs der Hauptverkehrsstraßen in bisher rein agrarisches Gebiet ausgegriffen hat.

Um dem vom Standpunkt der Landesplanung zweifellos bedenklichen Auszug der Industrie aus den Stadtgebieten entgegenzuwirken, entschloß sich die Regierung, dem Rat englischer Experten folgend, in Nicosia, Limassol und Larnaca eigene Industrial Estates anzulegen, um eventuelle Neugründungen von Unternehmen nicht an den Grundstückskosten scheitern zu lassen. Das erste derartige Gelände mit einer Gesamtfläche von 18 ha wurde 1966 6 km östlich des Stadtzentrums von Nicosia erschlossen. Es war schon binnen kurzem fast vollständig bebaut. Seither wurden auch in Limassol und Larnaca großzügig angelegte Industrial Estates geschaffen, für Famagusta und Nicosia liegen neue Planungen für weitere derartige Anlagen vor. Das ist sicher als Beweis dafür zu werten, daß Grundstücke im Stadtgebiet aus privater Hand mittlerweile unzumutbar hohe Investitionen erfordern. Andererseits sind die anfangs zu zahlenden Grundstückspachten auf den Industrial Estates zwar nur mäßig, doch ist vertraglich vorgesehen, daß sie alle 5 Jahre der Bodenpreisentwicklung angepaßt werden sollen.

Die Ungewißheit über das Ausmaß der Pachtsteigerungen läßt es vielen Unternehmern vorteilhafter erscheinen, ihren Betrieb nicht im Estate, sondern auf eigenem Gelände irgendwo an der Landstraße zu errichten, zumal sie in diesem Fall nicht die Chance aus der Hand geben, eine Wertsteigerung ihres Industriegrundstückes selbst zu realisieren. Das ist vor allem für solche Unternehmer von Belang, die in ihrer wirtschaftlichen Existenz nicht ausschließlich von ihrem Industriebetrieb abhängen und bei denen deshalb ein Verkauf dieses Betriebes bei einem günstigen Angebot nicht außerhalb des Möglichen liegt.

V. Zusammenfassung

Im Rahmen der Landesentwicklung von Staaten der Dritten Welt sind Neu-Inwertsetzung bzw. Umwertung bestimmter Regionen oder Standorte typische Erscheinungen. Dabei lassen sich fast immer beträchtliche Zielkonflikte zwischen privaten und öffentlichen Interessen beobachten. Je nach der Stärke oder Schwäche der staatlichen oder privaten Position wird sich dabei die Entwicklung eines Raumes unterschiedlich gestalten. Zypern kann als Beispiel eines Landes angesehen werden, in dem die Stellung der Regierung gegenüber privaten Interessen aus mancherlei Gründen besonders schwach ist.

Das tritt besonders deutlich bei der Frage der agraren ebenso wie bei der nichtagraren Bodennutzung in Erscheinung, die infolge mangelnder bzw. unzureichender gesetzlicher Grundlagen fast völlig dem „freien Spiel der Kräfte" überlassen bleibt. Das ist gleichbedeutend mit einer rapiden Ausbreitung der Landspekulation, deren Folgen überall in Zypern in die Augen fallen. Entsprechende Beobachtungen waren Anlaß, Landbesitzstruktur und Bodenmarkt in Zypern näher zu untersuchen.

Grundbesitz stellt in einem Land wie Zypern, dessen Bevölkerung noch nach dem Zweiten Weltkrieg zu Dreivierteln aus Kleinbauern bestand, traditionell ein sozial hoch bewertetes Gut dar, entschied doch die Größe des eigenen Landbesitzes über eventuelle Abhängigkeiten, über die wirtschaftliche Lage und die soziale Stellung einer Familie. Insofern kam den Grundbesitzverhältnissen für die Entwicklung der Landwirtschaft in Zypern seit jeher eine maßgebliche Bedeutung zu. Offen aber war die Frage, ob die Grundbesitzverhältnisse auch für Entwicklungsprozesse in anderen Bereichen von Belang waren bzw. noch sind.

Jede Betrachtung der Grundbesitzstruktur in Zypern muß von der Feststellung ausgehen, daß sich der überwältigende Teil des Bodens in privaten Händen befindet. Der Anteil grundbesitzloser Familien lag — einer Umfrage von 1969 zufolge — in den meisten Gemeinden unter 10 %. Aus den Ergebnissen der Umfrage geht aber zugleich auch hervor, daß viele Familien nur über einen sehr geringen Landbesitz verfügen. So befindet sich zwar die landwirtschaftliche Nutzfläche zu über 90 % in Privateigentum, doch ist sie damit keineswegs im Besitz landwirtschaftlicher Betriebe.

Hinsichtlich ihrer beruflichen Stellung bzw. ihrer Abhängigkeit von Einkünften aus der Landwirtschaft kann man die Grundbesitzer zweigliedern in eine wirtschaftlich zumeist schwache Minderheit, die ihr Einkommen primär aus der Landwirtschaft bezieht, und eine Mehrheit, für die Gewinne, die sie aus der Bewirtschaftung ihres Landes ziehen kann, als Zusatzeinkommen nur von sekundärer Bedeutung sind.

Welchen Anteil haben diese Gruppen an den Fortschritten im Agrarbereich? Wie wirken sich die Grundbesitzverhältnisse auf die Landnutzung aus? Wie ist diese Landnutzung organisatorisch bei den verschiedenen Gruppen gestaltet?

Um diese Fragen beantworten zu können, waren angesichts des Fehlens brauchbarer statistischer Daten eigene Untersuchungen in verschiedenen Beispielsgemeinden erforderlich. Ausgewählt wurden dazu die Gemeinden Ayia Napa (12 km südlich von Famagusta, an der Küste gelegen), Masari (8 km östlich von Morphou im Zitrusanbaugebiet gelegen), Salamiou (im Paphosdistrikt in 640 m Höhe gelegen) und Akrounda (ca. 15 km nördlich von Limassol). Die Ergebnisse der Feldarbeit sind in einer Serie von Karten (Abb. 6 bis 23) niedergelegt.

Zusammenfassend läßt sich feststellen:

1. Bei der Organisation der Bewirtschaftung landwirtschaftlicher Flächen ist ein enormer Fächer von Möglichkeiten für den Grundbesitzer vorhanden. Er reicht von der ausschließlichen Eigenbearbeitung über die von Contraktorarbeit unterstützte Selbstbearbeitung, das Management Farming in eigener oder an einen Vertrauensmann delegierter Verantwortung, die traditionelle Teilpacht oder Pacht, die kostenlose Überlassung der Nutzung einer Parzelle an interessierte Verwandte bis zur völligen Aufgabe der Nutzung. Doch ist bei aller Vielfalt festzustellen, daß der Einsatz von „custom work" in der Landbewirtschaftung in Zypern eine entscheidende Rolle spielt.

2. Im Unterschied zum Trockenfeldbau sind im Verlauf der letzten 12 Jahre im Bewässerungsanbau Produktivität und Gewinne ganz wesentlich gestiegen. Der Schere, die sich hier zwischen beiden Anbauformen aufgetan hat, kam für die am Grundbesitz beteiligten Gruppen freilich sehr unterschiedliche Bedeutung zu. Die „non-farmers" sind nämlich von der geringeren Produktivität im Trockenfeldanbau in ihrer Existenz kaum betroffen, weil sie von ihm ja nicht abhängig sind. Der gute Erträge abwerfende Bewässerungsanbau aber ist fast ausschließlich ihre Sache. Mit anderen Worten: Die Fortschritte der agrarischen Produktion des Landes sind nicht Fortschritte der bäuerlichen Bevölkerung Zyperns, sondern kommen sozialen Gruppen zugute, für die Gewinne aus Landbewirtschaftung nur eine zusätzliche, keineswegs die entscheidende Einnahme bedeuten. Die Erträge aus einem Agrumengarten ermöglichen so z. B. auch einem ungelernten Arbeiter Anschaffungen, die sonst außerhalb seiner finanziellen Möglichkeiten liegen würden.

Darüber freilich darf man nicht übersehen, daß der größte Teil der eigentlich bäuerlichen Bevölkerung — zumindest relativ — zurückfällt. Diese „farmer" verfügen weder über das für größere Investitionen erforderliche Kapital, noch sind sie infolge ihres geringeren Bildungsstandes fähig zu erkennen, welche Möglichkeiten und Chancen sich ihnen bei den gegebenen physisch-geographischen Rahmenbedingungen und angesichts der Nachfragesituation auf den Märkten bieten würden. Vor einem solchen sozioökonomischen Hintergrund wird die Effizienz aller staatlichen Bemühungen um Unterstützung der bäuerlichen Bevölkerung sehr zurückhaltend beurteilt werden müssen. Die agrarpolitischen Maßnahmen der Regierung richten sich ja nicht gezielt auf jene soziale Gruppe, deren Existenzgrundlage noch immer die Landwirtschaft ist und die wirksamer Hilfe zum größten Teil tatsächlich bedürfte. Vielmehr kommen die für den Agrarbereich aufgebrachten öffentlichen Mittel, etwa bei der Förderung des Bewässerungsanbaues, in großem Umfang sozialen Gruppen zugute, die aus der Landwirtschaft nur ein zusätzliches Einkommen beziehen, auf das sie nicht angewiesen sind.

Gerade im Zusammenhang mit der zuletzt angesprochenen Problematik drängt sich die Frage auf, ob sich hinsichtlich des Anteils von non-farmers am Besitz der landwirtschaftlichen Nutzfläche derzeit Prozesse beobachten lassen, die zu Änderungen der Grundbesitzstruktur führen könnten.

Um diese Frage beantworten zu können, mußte u. a. die Entwicklung des Bodenmarktes in Zypern untersucht werden, ungeachtet der Schwierigkeiten, die sich aus dem Mangel an dafür erforderlichem, zugänglichem statistischen Material ergaben. Angestrebt werden konnte angesichts der Materiallage nur ein — wenn auch nicht quantifiziertes — Bild

a) über den Umfang des Bodenmarktes,

b) über die als Käufer und Verkäufer auftretenden sozialen Gruppen und deren jeweilige Motivationen, und nicht zuletzt

c) über geforderte und bezahlte Bodenpreise.

Es zeigte sich, daß das Geschehen am Bodenmarkt Zyperns außerordentlich lebhaft ist. Besonders interessant sind dabei die deutlich erkennbaren regionalen Unterschiede hinsichtlich der Zahl der vorgekommenen Verkäufe und des Bodenpreisniveaus. Eindrucksvoll ist hier vor allem die Dynamik des Bodenmarktes im Bereich der Nordküste, übertrifft doch der Distrikt Kyrenia mit seinen Steigerungsraten deutlich alle anderen Bezirke. Umgekehrt zeigt der Distrikt Paphos als einziger einen leichten Rückgang der Landverkäufe, auch liegt er hinsichtlich des durchschnittlichen Kaufpreises wie hinsichtlich des Gesamtumsatzes unter allen Bezirken an letzter Stelle.

Überblicken wir den gesamten Bodenmarkt der Insel in den letzten 20 Jahren, so fallen vor allem einige wichtige Veränderungen im Bodenpreisgefüge auf, die offenbar in engem Zusammenhang mit dem sozialen und wirtschaftlichen Wandel stehen, den Zypern seit den fünfziger Jahren erfahren hat:

Auch zu Zeiten, die vor dem Einsetzen dieser Wandlungen liegen, zu Zeiten einer weitgehend auf Subsistenzwirtschaft beruhenden Agrargesellschaft also, gab es natürlich Preisunterschiede am Bodenmarkt. Seither hat sich jedoch die Preisentwicklung für die einzelnen Kategorien von Land sehr unterschiedlich gestaltet. Preisrückgängen etwa für Weinfelder im Gebirge stehen sowohl mäßige Wertsteigerungen für Trockenfeldland in der Ebene als auch außergewöhnliche Preissteigerungen für ganzjährig bewässerte Parzellen einerseits, Bauland andrerseits gegenüber. Der nichtagrare Bodenmarkt hat sich durch die neu hinzugekommenen, von Industrie und Tourismus ausgehenden Flächenansprüche weiter differenziert und zugleich an Umfang und Bedeutung stark zugenommen.

Das hat dazu geführt, daß heute nicht mehr wie vordem die verschiedenen Typen von Bewässerungsland, also landwirtschaftlich genutzte Flächen, an der Spitze der Bewertungsskala stehen. In der Gegenwart liegen vielmehr die Preise für Land weitaus höher, das nichtagraren Nutzungen zugeführt werden soll. Zugleich hat die Spannweite der Preisskala sowohl insgesamt als auch innerhalb der einzelnen Teilmärkte erheblich zugenommen.

Solche Veränderungen im Bodenpreisgefüge scheinen sozialgeographisch von hohem Interesse zu sein, da Bodenpreise sicher ein Maß für die Wertschätzung einer Fläche sind. Der wirtschaftliche und soziale Strukturwandel, der mit dem „Entwicklungsprozeß" in einem Land wie Zypern verbunden ist, kann zu einem wesentlichen Teil über die Bodenpreise und deren Veränderungen erfaßt werden, weil Wandlungen im sozialen Bereich meist auch zu Änderungen in der Bewertung von bestimmten Räumen, und d. h. auch von einzelnen Grundstücken, führen werden. Das schließt ein, daß eine solche Bewertung häufig nicht allein auf einem bereits vollzogenen sozioökonomischen Strukturwandel beruht, sondern oft nur auf Grund bestimmter Entwicklungserwartungen, also spekulativ, vorgenommen wird. Ja, die spekulative Gestaltung von Bodenpreisen scheint unter politischen und gesellschaftlichen Rahmenbedingungen, wie sie in Zypern gegeben sind, eine sehr typische, mit den Entwicklungsprozessen des Landes verbundene Erscheinung zu sein.

Summary

New evaluation or revaluation of certain regions or places are typical phenomena in the development of countries of the third world. In the course of these processes considerable conflict between private and public interests may be observed. The development of an area would run differently according to the strength or weakness of the public or private position. Cyprus may be regarded as an example of a country, in which the government's position compared with that of private interests is, for a number of reasons, remarkably weak.

This becomes especially apparent in the question of whether to use the land for agricultural or non-agricultural purposes, which is completely left to chance, as the legal basis is lacking or insufficient. This corresponds to a rapid expansion of land speculation with its striking consequences everywhere in Cyprus. Similar observations gave rise to study the structure of landownership and the land-market in Cyprus more closely.

In a country like Cyprus, where three quarter of the population after World War II still consisted of small farmers, landed property has by tradition been considered to be of high social value, the size of one's own estate determining the possible dependence, economic situation and social position of the family. Thus the conditions of landownership have always been of decisive importance for the development of agriculture in Cyprus. But the question has still to be answered, of whether the conditions of landownership are or have been important for processes of development in other fields.

Every study of the structure of landownership in Cyprus has to start from the fact that by far the largest part of the land is privately owned. The percentage of landless families was — according to a survey in 1969 — in most (rural) communities below 10 %. But the results of the survey show as well that many families only have a very limited amount of landed property at their disposal. Thus more than 90 % of agricultural land is owned privately, but this does not mean that it actually belongs to farming concerns.

According to their professional position or their dependence on agricultural income landowners can be divided into a minority, who are economically rather weak and who obtain their income primarily from agriculture and a majority, for whom the profits from the cultivation of their property are as an additional income only of secondary importance.

Which role do these groups play in agricultural progress? What is the effect of landownership on agriculture? How is this agricultural use of the land organized in the different groups?

To be able to answer these questions it was necessary to carry out case studies in several typical communities, as there were no reliable statistical data available. The examples selected were the communities Ayia Napa (12 km south of Famagusta, situated on the coast), Masari

(8 km east of Morphou in the citrus fruit growing area), Salamiou (in the district of Paphos at 640 m above sea-level) and Akrounda (about 15 km north of Limassol). The results of this field work are presented in the maps Nos. 6—23.

To summarize what has been found:

1. In organizing the farming of agricultural areas the landowner has an enormous choice of possibilities. It includes cultivation done exclusively by the individual, with the help of contractors, management farming by the owner or delegated to a trusted manager, traditional share farming or lease, the working of an allotment free of charge by relatives who are interested and even complete agricultural disuse. But though there are so many possibilities, customwork plays a decisive part in Cypriot agriculture.

2. As opposed to non-irrigated land productivity and profits from irrigated land have considerably increased during the last 12 years. The gap, which has opened here between the two methods of farming had affected the landowning groups very differently. The standard of living of the "non-farmers" is hardly influenced by the lower productivity in non-irrigated farming, as they do not depend on it. Profitable irrigated farming, however, is almost exclusively their affair. That is to say progress in the country's agricultural production does not mean progress for the actual farming population of Cyprus, but benefits social groups, for whom profits from agriculture mean only additional, by no means the main income. The yield e. g. from a citrus garden makes it possible even for an unskilled worker to buy things, which would otherwise be beyond his financial means.

On the other hand it must not be overlooked, that the largest part of the actual farming population lags behind — at least comparatively. These farmers neither have the necessary capital for larger investments, nor, because they are less educated, are they able to recognize of which possibilities and opportunities they can make use of according to certain fixed physical-geographical conditions and taking into account the situation of supply and demand on the markets. When this socio-economic background is taken into consideration the efficiency of all official attempts at supporting the rural population has to be reviewed with some scepticism. For the government's political measures in the field of agriculture are not closely aimed at helping the social group. Whose existence is still based on agriculture and who for the greatest part might actually need effective help. Instead the public funds spent on agriculture, e. g. in supporting irrigation, largely benefit social groups, who get only an additional income from agriculture, on which they do not depend.

In connection with just this last problem the question has to be discussed of whether the percentage of agricultural land owned by non-farmers is involved in processes, which could lead to changes in the structure of landownership.

To answer this question the development of the Cypriot real estate market had to be studied (among other things), in spite of the difficulties resulting from the lack of the necessary, accessible, statistical material. Thus it was only possible to aim at giving a description (even if it is not quantitative)

a) of the importance of the real estate market,
b) of the social groups acting as sellers and buyers and their respective motivations and not least
c) of land prices which were demanded and paid.

Especially interesting would be the regional differences in the number of sales carried out and the land prices paid. Most impressive is the activity of the real estate market on the north coast, as growth rates in the district of Kyrenia are distinctly higher than in all other districts. Conversely only the district of Paphos shows a decline in land sales and it holds the last place among all districts in average prices as well as in the total turnover.

If we consider the whole land market of the Island, in the course of the last twenty years some important changes in the price structure of real estate become obvious; these are closely connected with the social and economic change, which has taken place in Cyprus since the Fifties: Even before those changes began, at a period of an agrarian society largely based on subsistence agriculture, there were of course differences in the land prices. But price development has taken a rather different course in the different categories of land. Price recessions e. g. for vineyards in the mountains are opposed to modest rises for non-irrigated land in the plains as well as extraordinary increases in the price for allotments on the one hand irrigated and for building sites on the other. The non-agrarian real-estate market has become further differentiated because of the new demands for land resulting from industry and the tourist trade. At the same time its extent and importance has grown considerably.

Today, contrary to what was valid in the past, the different types of irrigated land, i. e. agricultural areas are no longer at the top of the scale.

Nowadays prices are much higher for land which is no longer to be used for agriculture. At the same time the total span of the price scale has increased overall as well as the specialized markets.

These changes in real estate prices seem to be of great interest to the social geographer, as land prices are certainly an index for the evaluation of an area. The change in the economic and social structure, combined with "the process of development" in a country like Cyprus, therefore can be understood to an essential part by land prices and their changes, because transformations in the social field will also lead to changes in the value of certain areas and i. e. of individual pieces of land. This includes that such an evaluation is often not only based on an already finished change in socio-economic structure, but is also entered upon because of certain development expectations, i. e. speculatively. Speculation about land prices seems to be a very typical phenomenon within the general political and social conditions in Cyprus and closely connected with the processes of the country's development.

Συγκεφαλαίωσις

Ἐν τῷ πλαισίῳ τῆς ἀναπτύξεως χωρῶν τοῦ τρίτου κόσμου ἡ ἀξιοποίησις ἢ ἡ ἀλλαγὴ τοῦ τρόπου ἀξιοποιήσεως ὡρισμένων περιοχῶν ἢ τόπων ἀποτελοῦν φαινόμενα τυπικά. Κατὰ δὲ τὴν διαδικασίαν αὐτὴν σχεδὸν πάντοτε δυνάμεθα νὰ παρατηρῶμεν ἀξιολόγους διαφορὰς μεταξὺ ἰδιωτικῶν καὶ δημοσίων συμφερόντων. Ἀναλόγως πρὸς τὴν δύναμιν ἢ τὴν ἀδυναμίαν τῆς κρατικῆς ἢ ἰδιωτικῆς θέσεως θὰ διαφέρῃ ἡ ἀνάπτυξις ἑνὸς χώρου. Ἡ Κύπρος δύναται νὰ θεωρηθῇ ὡς παράδειγμα μιᾶς χώρας, ἔνθα ἡ θέσις τῆς Κυβερνήσεως ἔναντι ἰδιωτικῶν συμφερόντων εἶναι διὰ διαφόρους λόγους ἐξαιρετικῶς ἀδύνατος.

Τὸ γεγονὸς τοῦτο καθίσταται ἰδιαιτέρως καταφανὲς ἐν ὄψει τοῦ ζητήματος τῆς γεωργικῆς ἢ μὴ γεωργικῆς χρήσεως τῆς γῆς, τὸ ὁποῖον λόγῳ ἐλλειπῶν ἢ ἀνεπαρκῶν νομικῶν βάσεων ἀφήνεται σχεδὸν ὁλοσχερῶς εἰς τὴν τυφλὴν δρᾶσιν τῆς τύχης. Ὅθεν καὶ ἐξαπλοῦται ὁρμητικῶς ἡ κτηματικὴ κερδοσκοπία, τῆς ὁποίας αἱ συνέπειαι εἶναι ὁραταὶ πανταχοῦ τῆς Κύπρου. Σχετικαὶ παρατηρήσεις μᾶς ἔδωκαν τὴν ἀφορμὴν ὅπως διερευνήσωμεν ἀναλυτικώτερον καὶ λεπτομερέστερον τὴν ὑφὴν καὶ διάρθρωσιν τῆς ἐγγείου κτήσεως καὶ τῆς κτηματαγορᾶς εἰς τὴν Κύπρον.

Εἰς μίαν χώραν οἵαν τὴν Κύπρον, τρία τέταρτα τοῦ πληθυσμοῦ τῆς ὁποίας ἀκόμη καὶ μετὰ τὸν 2ον Παγκόσμιον Πόλεμον συνίσταντο ἐκ μικρογεωργῶν, ἡ γαιοκτησία ἀποτελεῖ ἐκ παραδόσεως ἓν ἀγαθὸν κοινωνικῶς πολὺ ἐκτετιμημένον, ἐπειδὴ μάλιστα τὸ μέγεθος τῆς ἰδίας ἐγγείου κτήσεως ὥριζε τὰς ἐνδεχομένας ἐξαρτήσεις, τὴν οἰκονομικὴν κατάστασιν καὶ τὴν κοινωνικὴν θέσιν μιᾶς οἰκογενείας. Οὕτως αἱ συνθῆκαι γαιοκτησίας εἶχον ἀνέκαθεν ἀποφασιστικὴν σημασίαν διὰ τὴν ἐξέλιξιν τῆς γεωργίας εἰς τὴν Κύπρον. Δὲν ἔτυχεν, ἐν τούτοις, ἀκόμη ἀπαντήσεως ἡ ἐρώτησις, ἐὰν αἱ συνθῆκαι γαιοκτησίας εἶχον ἢ εἰσέτι ἔχουν σημασίαν καὶ δι' ἐξελίξεις εἰς ἄλλα πεδία.

Πᾶσα μελέτη τῆς ὑφῆς καὶ διαρθρώσεως τῆς ἐν Κύπρῳ γαιοκτησίας δέον νὰ ἔχῃ ὡς ἀφετηρίαν τὴν διαπίστωσιν ὅτι τὸ κατὰ πολὺ μέγιστον μέρος τῆς γῆς εὑρίσκεται εἰς χεῖρας ἰδιωτῶν. Τὸ ποσοστὸν τῶν ἀκτημόνων οἰκογενειῶν ἀνήρχετο — συμφώνως πρὸς ἐγκύκλιον ἐρώτησιν τοῦ 1969 — ἐντὸς τῶν πλείστων κοινοτήτων εἰς ὀλιγώτερον τῶν 10%. Ἐκ δὲ τῶν πορισμάτων τῆς αὐτῆς ἐγκυκλίου ἐρωτήσεως προκύπτει συγχρόνως ὅτι πολλαὶ οἰκογένειαι κατέχουν ἐλαχίστην μόνον ἔγγειον κτῆσιν. Οὕτω τὸ καλλιεργήσιμον ἔδαφος εἶναι μὲν κατὰ πλέον τῶν 90% ἰδιόκτητον, ἀλλὰ τοῦτο δὲν σημαίνει ἐν ταὐτῷ ὅτι οὕτως ἀνήκει εἰς γεωργικὰς ἐπιχειρήσεις, ἤτοι πατροπαράδοτα γεωργικὰ ὑποστατικά.

Ὡς πρὸς τὴν ἐπαγγελματικήν των θέσιν ἢ τὴν ἐξάρτησίν των ἀπὸ προσόδους προερχομένας ἐκ τῆς γεωργίας, δυνάμεθα νὰ διαιρέσωμεν τοὺς γαιοκτήμονας εἰς δύο ὁμάδας, δηλαδὴ εἰς μίαν οἰκονομικῶς ἀδύνατον ὡς ἐπὶ τὸ πλεῖστον μειονοψηφίαν, ἥτις λαμβάνει τὸ εἰσόδημά της κατὰ πρῶτον λόγον ἐκ τῆς γεωργίας, καὶ μίαν πλειονοψηφίαν, δι' ἥντινα τὰ ἐκ τῆς καλλιεργείας τοῦ ἐδάφους κέρδη δὲν ἀποτελοῦν παρὰ εἰσόδημα ἐπιπρόσθετον δευτερευούσης μόνον σημασίας.

Πόσον συμμετέχουν αἱ ἐν λόγῳ ὁμάδες εἰς τὰς ἐπὶ τοῦ ἀγροτικοῦ τομέως προόδους; Πῶς ἐπενεργοῦν αἱ συνθῆκαι γαιοκτησίας ἐπὶ τῆς χρήσεως τῆς γῆς; Πῶς εἶναι αὕτη ἡ χρῆσις τῆς γῆς ὠργανωμένη εἰς τὰς διαφόρους ὁμάδας;

Διὰ νὰ δυνηθῶμεν ν' ἀπαντήσωμεν εἰς τὰς ἐρωτήσεις αὐτάς, κατέστη — ἐλλείψει χρησίμων στατιστικῶν δεδομένων — ἀναγκαῖον νὰ διεξαγάγωμεν ἰδίας ἐρεύνας εἰς διαφόρους κοινότητας χρησιμευούσας ὡς παραδείγματα. Ἐπελέξαμεν δὲ πρὸς τὸν σκοπὸν αὐτὸν τὰς ἀκολούθους κοινότητας: Ἁγίαν Νάπαν (κειμένην 12 χλμ. νοτίως τῆς Ἀμμοχώστου ἐπὶ τῆς ἀκτῆς), Μασάριον (κείμενον 8 χλμ. ἀνατολικῶς τῆς Μόρφου εἰς τὴν περιοχὴν καλλιεργείας ἑσπεριδοειδῶν), Σαλαμίου (κείμενον εἰς τὴν περιφέρειαν Πάφου εἰς ὕψος 640 μ.) καὶ Ἀκρούνταν (κειμένην περίπου 15 χλμ. βορείως τῆς Λεμησσοῦ). Τὰ ἀποτελέσματα τῆς ὑπαιθρίου ἐρευνητικῆς ἐργασίας καταγράφονται εἰς σειρὰν χαρτῶν (εἰκ. 6—23).

Περιληπτικῶς δυνάμεθα νὰ εἴπωμεν:

1ον) Διὰ τὴν διοργάνωσιν τῆς καλλιεργείας ἀγροτικῶν ἐκτάσεων ὁ γαιοκτήμων διαθέτει πελώριον θησαυρὸν δυνατοτήτων, ὁ ὁποῖος περιλαμβάνει τὴν ἀποκλειστικῶς προσωπικὴν καλλιέργειαν, τὴν προσωπικὴν καλλιέργειαν τὴν ὑποστηριζομένην διὰ τῆς συνεργασίας συμβληθέντων ἐργατῶν, τὸ „management-farming" μετ' εὐθύνης ἰδίας ἢ παρακεχωρημένης εἴς τινα ἔμπιστον, τὴν πατροπαράδοτον μερικὴν ἢ ὁλικὴν ἐκμίσθωσιν, τὴν δωρεὰν ἐκχώρησιν τῆς χρήσεως ἑνὸς τεμαχίου γῆς εἰς ἐνδιαφερομένους συγγενεῖς καὶ τέλος τὴν ἐξ ὁλοκλήρου παραίτησιν τῆς χρήσεως. Πρέπει ἐν τούτοις παρ' ὅλην τὴν ὑφισταμένην ποικιλίαν νὰ διαπιστωθῇ ὅτι ἀποφασιστικὸν ρόλον εἰς τὴν ἐν Κύπρῳ γεωργίαν παίζει ἡ ἐφαρμογὴ τοῦ „custom work".

2ον) Ἐν ἀντιθέσει πρὸς τὴν ξηρικὴν γεωργίαν, ηὐξήθησαν κατὰ τὰ τελευταῖα 12 ἔτη εἰς τὴν ἀρδευτικὴν γεωργίαν ἥ τε ἀποδοτικότης καὶ τὰ κέρδη σημαντικώτατα. Ἡ ψαλὶς ἡ ὁποία ἤνοιξεν ἐδῶ μεταξὺ τῶν δύο τύπων καλλιεργείας, λίαν διάφορον σημασίαν εἶχεν, ὡς ἐννοεῖται, διὰ τὰς ὁμάδας τὰς συμμετεχούσας εἰς τὴν ἔγγειον κτῆσιν. Διότι οἱ „non-farmers", ὅσον ἀφορᾷ τὴν ὕπαρξίν των, παρ' ὀλίγον νὰ μὴ θίγωνται ἀπὸ τὴν ἐλάσσονα παραγωγικότητα τῆς ξηρικῆς γεωργίας, ἀφοῦ καὶ δὲν ἐξαρτῶνται ἀπ' αὐτήν. Ἀφ' ἑτέρου δὲ ἡ τόσον ἀποδοτικὴ ἀρδευτικὴ γεωργία περιορίζεται σχεδὸν ἀποκλειστικῶς εἰς αὐτοὺς τούτους. Μὲ ἄλλους λόγους: Αἱ πρόοδοι τῆς γεωργικῆς παραγωγῆς τῆς χώρας δὲν εἶναι πρόοδοι τοῦ γεωργικοῦ πληθυσμοῦ τῆς Κύπρου, ἀλλ' ὠφελοῦν κοινωνικὰς ὁμάδας, διὰ τὰς ὁποίας τὰ ἐκ γεωργίας κέρδη ἀποτελοῦν εἰσόδημα ἐπιπρόσθετον μόνον, οὐδαμῶς ὅμως ἀποφασιστικόν. Οὕτω τὰ ἐκ κήπου ἑσπεριδοειδῶν ἔσοδα ἐπιτρέπουν λ.χ. καὶ εἰς ἀνειδίκευτον ἐργάτην νὰ διενεργῇ ἀγορὰς τὰς ὁποίας ἄλλως δὲν θὰ τοῦ ἐπέτρεπον αἱ οἰκονομικαί του δυνατότητες.

Πρέπει ἐν τούτοις νὰ μὴ παραγνωρίσωμεν τὸ ὅτι τὸ μέγιστον μέρος τοῦ καθεαυτοῦ γεωργικοῦ πληθυσμοῦ ὑπολείπεται — τοὐλάχιστον σχετικῶς. Διότι οἱ „farmers" αὐτοὶ οὔτε τὸ διὰ μεγαλυτέρας ἐπενδύσεις χρειῶδες κεφάλαιον διαθέτουν οὔτε εἶναι — λόγῳ τῆς ἐλαττωματικῆς των μορφώσεως — εἰς θέσιν νὰ ἀντιληφθοῦν, ποῖαι δυνατότητες καὶ εὐκαιρίαι θὰ τοὺς προσεφέροντο βάσει τῶν δεδομένων ὡς πλαισίου φυσικο-γεωγραφικῶν συνθηκῶν καὶ ἐν ὄψει τῆς ἐν ταῖς ἀγοραῖς ὑπαρχούσης ζητήσεως. Ἐνώπιον ἑνὸς τοιούτου κοινωνιο-οἰκονομικοῦ βάθους, πολὺ ἐπιφυλακτικῶς θὰ πρέπῃ νὰ κριθῇ ἡ ἀποτελεσματικότης ὅλων τῶν κρατικῶν προσπαθειῶν πρὸς ὑποστήριξιν τοῦ γεωργικοῦ πληθυσμοῦ, δοθέντος ὅτι τὰ μέτρα ὅσα λαμβάνει ἡ Κυβέρνησις ἐν τῷ πλαισίῳ τῆς γεωργικῆς πολιτικῆς, δὲν ἀποβλέπουν εἰς ἐκείνην τὴν κοινωνικὴν ὁμάδα, ἡ ὕπαρξις τῆς ὁποίας ἔτι καὶ νῦν βασίζεται ἐπὶ τῆς γεωργίας καὶ ἡ ὁποία κατὰ τὸ μέγιστον μέρος θὰ εἶχε τῷ ὄντι ἀνάγκην τελεσφόρου βοηθείας. Ἀλλὰ πολὺ περισσότερον βοηθοῦν αἱ διὰ τὸν γεωργικὸν τομέα — οἷον τὴν ἀρδευτικὴν γεωργίαν — δημοσίᾳ καταβαλλόμεναι δαπάναι κατὰ μέγα μέρος τοιαύτας κοινωνικὰς ὁμάδας, αἱ ὁποῖαι λαμβάνουν ἐπιπρόσθετον μόνον εἰσόδημα ἐκ τῆς γεωργίας, τὸ ὁποῖον δὲν χρειάζονται εἰς τὴν πραγματικότητα.

Ἐν συναρτήσει ἀκριβῶς πρὸς τὴν προβληματικότητα ἥνπερ ἐθίξαμεν τελευταίως, μᾶς ἐπιβάλλεται ἡ ἐρώτησις, ἐὰν ὡς πρὸς τὴν συμμετοχὴν τῶν „nonfarmers" εἰς τὴν κτῆσιν τῶν καλλιεργησίμων γεωργικῶν ἐκτάσεων δυνάμεθα ἐπὶ τοῦ παρόντος νὰ παρατηρῶμεν ἐξελίξεις, αἵτινες θὰ ἠδύναντο νὰ ὁδηγήσουν πρὸς μεταβολὰς τῆς ὑφῆς καὶ διαρθρώσεως τῆς γαιοκτησίας.

Διὰ νὰ μᾶς καταστῇ δυνατὸν νὰ ἀπαντήσωμεν εἰς τὴν ἄνωθι ἐρώτησιν, ἀνάγκη ἦτο νὰ ἐξετάσωμεν μεταξὺ ἄλλων καὶ τὴν ἐξέλιξιν τῆς ἐν Κύπρῳ κτηματαγορᾶς παρὰ τὰς δυσκολίας, ὅσαι προέκυψαν ἀπὸ τὴν ἔλλειψιν τοῦ ἀπαιτουμένου πρὸς τοῦτο προσιτοῦ στατιστικοῦ ὑλικοῦ. Ὑπὸ τὰς συνθήκας αὐτὰς ἠδυνήθημεν νὰ ἐπιζητήσωμεν μόνον μίαν — ἔστω καὶ ὄχι εἰς ὅλην τὴν ἔκτασιν ὁμοίως τελείαν — εἰκόνα

α) τῆς ἐκτάσεως τῆς κτηματαγορᾶς

β) τῶν ὡς ἀγοραστῶν καὶ πωλητῶν ἐμφανιζομένων κοινωνικῶν ὁμάδων καὶ τῶν ἑκάστοτε κινήτρων των

γ) τῶν ἀπαιτουμένων καὶ καταβαλλομένων τιμῶν πωλήσεως γῆς.

Ἔγινε κατάδηλον ὅτι εἰς τὴν κυπριακὴν κτηματαγορὰν ἐπικρατεῖ ἐξαιρετικὴ ζωηρότης. Ἰδιαιτέρως ἐνδιαφέρουσαι εἶναι αἱ σαφῶς ἀντιληπταὶ κατὰ τόπους διαφοραὶ ὡς πρὸς τὸν ἀριθμὸν τῶν διεξαχθεισῶν πωλήσεων καὶ τὸ ἐπίπεδον τῶν τιμῶν πωλήσεως γῆς. Ἐντυπωσιακὴ εἶναι πρὸ πάντων ἡ δυναμικότης τῆς κτηματαγορᾶς εἰς τὴν περιοχὴν τῆς βορείου ἀκτῆς, ἐὰν λάβωμεν ὑπ' ὄψιν τὸ ὅτι ἡ περιφέρεια Κυρηνείας ὑπερβάλλει, ὅσον ἀφορᾷ τὰς ἀναλογίας αὐξήσεως τῶν τιμῶν, προφανῶς πάσας τὰς ὑπολοίπους περιφερείας. Ἀντιστρόφως, ἡ περιφέρεια Πάφου μόνη παρουσιάζει ἐλαφρὰν μείωσιν τῶν πωλήσεων γῆς, ἐκτὸς δὲ τούτου κατέχει ὡς πρὸς τὴν κατὰ μέσον ὅρον τιμὴν ἀγορᾶς καὶ τὸν συνολικὸν κύκλον ἐργασιῶν τὴν τελευταίαν θέσιν μεταξὺ ὅλων τῶν περιφερειῶν.

Ἐπισκοποῦντες τὴν ὅλην κτηματαγορὰν τῆς νήσου κατὰ τὰ τελευταῖα 20 ἔτη, θὰ διαπιστώσωμεν πρὸ παντὸς μερικὰς σπουδαίας ἀλλαγὰς εἰς τὴν διάρθρωσιν τῶν τιμῶν πωλήσεως γῆς, αἱ ὁποῖαι εὑρίσκονται προφανῶς ἐν στενῇ συναρτήσει πρὸς τὴν κοινωνικὴν καὶ οἰκονομικὴν ἀλλαγὴν τὴν ὁποίαν ὑπέστη ἡ Κύπρος ἀπὸ τῶν ἐτῶν τῶν 50:

Φυσικὸν μὲν εἶναι τὸ ὅτι καὶ κατὰ τὰς πρὸ τῆς ἐνάρξεως τῶν ἐν λόγῳ ἀλλαγῶν ἐποχάς, δηλαδὴ κατὰ τὰς ἐποχὰς μιᾶς βασιζομένης εἰς αὐτοσυντήρησιν ὡς ἐπὶ τὸ πολὺ γεωργικῆς κοινωνίας, ἐσημειοῦντο διαφοραὶ τιμῶν εἰς τὴν κτηματαγοράν. Ἔκτοτε ὅμως πολὺ διαφόρως ἐξειλίχθησαν αἱ τιμαὶ τῶν διαφόρων κατηγοριῶν γῆς. Πρὸς μειώσεις τῶν τιμῶν π.χ. δι' ὀρεινοὺς ἀμπελῶνας δέον ν' ἀντιπαραβληθοῦν τόσον μέτριαι ἀνατιμήσεις ξηρικοῦ ἐδάφους πεδινοῦ ὅσον καὶ ἐξαιρετικαὶ ἀνατιμήσεις τεμαχίων δι' ὅλου τοῦ ἔτους ἀρδευομένων ἀφ' ετέρου. Ή μή άγροτική κτηματαγορά έχει έπί πλέον διαφορισθή καί συγχρόνως αυξήσει εις έκτασιν καί σημασίαν χάρις εις τάς έπελθούσας έκ μέρους τής βιομηχανίας καί του τουρισμού απαιτήσεις εκτάσεων γης.

Κατά συνέπειαν, σήμερον δέν προηγούνται πλέον, ώσπερ άλλοτε, εις τήν κλίμακα διατιμήσεως οί διάφοροι τύποι άρδευσίμου γης, ήγουν έκτάσεις πρός χρήσιν γεωργικήν. Άπ' έναντίας, πολύ υψηλότεραι είναι έπί τοΰ παρόντος αί τιμαί πωλήσεως γης, ή όποία είναι προωρισμένη δι' έκμετάλλευσιν μή γεωργικήν. Συγχρόνως έχει αυξηθή σημαντικώς τό πλάτος τής κλίμακος τών τιμών καί έν τώ συνόλω καί εντός τών διαφόρων μερικών άγορών.

Τοιαΰται άλλαγαί εις τήν διάρθρωσιν τών τιμών πωλήσεως γης είναι άπό απόψεως κοινωνιογεωγραφικής λίαν ένδιαφέρουσαι, έπειδή μετά βεβαιότητος αί τιμαί πωλήσεως γης άποτελοΰν κριτήριον τής έκτιμήσεως μιάς έκτάσεως γης. Ή άλλαγή τής οίκονομικής καί κοινωνικής ύφής, ήτις συνδέεται εις μίαν χώραν οίαν τήν Κύπρον μέ τήν πορείαν τής „άναπτύξεως", δύναται κατά μέγα μέρος νά έννοηθή μέσω τών τιμών πωλήσεως γης καί τών αλλαγών των, διότι μεταβολαί εις τόν κοινωνικόν τομέα θά συνεπάγωνται κατά κανόνα καί αλλαγάς εις τήν διατίμησιν ώρισμένων χώρων, τουτέστι καί διαφόρων άκινήτων. Τούτο δέ συμπεριλαμβάνει καί τό ότι μία τοιαύτη έκτίμησις πολλάκις δέν βασίζεται μόνον έπί έκτελεσθείσης ήδη άλλαγής τής κοινωνιο-οίκονομικής ύφής, άλλά γίνεται συχνάκις μόνον βάσει ώρισμένων προσδοκιών περί ένδεχομένων έξελίξεων, ήτοι θεωρητικώς. Καί φαίνεται μάλιστα ότι ό θεωρητικός σχηματισμός τιμών πωλήσεως γης είναι, ύπό τάς έν είδει πλαισίου δεδομένας έν Κύπρω πολιτικάς καί κοινωνικάς συνθήκας, πολύ τυπικόν φαινόμενον, συνδεδεμένον μέ τήν πορείαν τής άναπτύξεως τής χώρας.

Literaturverzeichnis

Abercrombie, P.: Preliminary Planning Report. — Nicosia 1947.

Abu Sharr, I.: Research in Crop Agronomy and Improvement in Cyprus. Final Report of the FAO-Agronomist of the Cyprus Agricultural Research Institute. — Nicosia 1965.

Adams, T. W.: U. A. Army Area Handbook for Cyprus. — Washington 1964.

Alexander, Boyd: Cyprus in the Sixties. — The Cornhill Magazine 176. 1968, S. 366—377.

Anthem, T.: The Economic Future of Cyprus. — Middle Eastern Affairs 10. 1959, S. 350—355.

Area Handbook for Cyprus. — Washington 1971 (The American University, Foreign Area Studies).

Attalides, M. A.: An Analysis of Urbanism in Cyprus with Special Reference to Nicosia. — Nicosia 1970.

Baker, Eric: The Settlement in Cyprus. — Political Quarterly 30. 1959, S. 244—253.

Baldini, B.: Outlook for Production and Trade of Selected Horticultural Products in Mediterranean Countries. Report on Cyprus. — Rom 1967 (FAO).

Baldwin, Kenneth: Land Tenure in Crete: The Case of the Messara Plain. — Land Reform. Land Settlement and Cooperatives 1. 1972, S. 43—55.

Barston, Ronald P.: Cyprus: The Unresolved Problem 1963—70. — India Quarterly 1971, S. 114—121.

Battelle Memorial Institute: Study of Industrial Development of Cyprus. — Genf 1963.

Bauer, P. T. u. B. S. Yamey: The Economics of the Vine Products Scheme of Cyprus. — Nicosia 1955.

Beckingham, Charles Fraser: The Cypriot Turks. — Journal of the Royal Central Asian Society 1956, S. 126—130.

Beckingham, Charles Fraser: Islam and Turkish Nationalism in Cyprus. — Die Welt des Islam 5. 1957, Nr. 1—2, S. 65—83.

Beckingham, Charles Fraser: The Turks of Cyprus. — Journal of the Royal Anthropological Institute 87. 1957, S. 165—174.

Besters, Hans u. Ernst E. Boesch (Hrsg.): Entwicklungspolitik. Handbuch und Lexikon. — Stuttgart, Berlin, Mainz 1966.

Bigle, A. Suat: Le conflict chypriote. — Turkish Yearbook of International Relations 4. 1963, S. 23—36.

Branas, J.: Concerning Some Problems in Viticulture of the Island of Cyprus. — Nicosia 1957.

Brodsky, Harald: Land Development and the Expanding City. — Annals of the Association of American Geographers 63. 1973, S. 159—166.

Bullard, Sir Reader (Hrsg.): The Middle East. A Political and Economic Survey. 3. Aufl. — London, New York, Toronto 1958.

Bundesanstalt für Bodenforschung Hannover: Groundwater Development Kyrenia Range, Cyprus. — Hannover 1965.

Bundesstelle für Außenhandelsinformation (Hrsg.): Zypern. Wirtschaftliche Entwicklung 1971. — Köln o. J.

Burdon, David J.: Silting of Reservoirs and Movement of Soils in Cyprus. — Nicosia 1951.

Burdon, David J.: The Underground Water Resources of Cyprus. — Nicosia 1953.

Caponera, D. A. u. K. C. Rajan: Cyprus — Water Legislation and Management — Technical Report. — Rom 1970 (UNDP/SF Project CYP/6, Demonstr. and Planning of Water Resources Utilization).

Christodoulou, Demetrios: The Evolution of the Rural Land Use Pattern in Cyprus. — London 1959 (The World Land Use Survey. Regional Monograph No. 2).

Cobham, C. D.: An Attempt at a Bibliography of Cyprus. — Cyprus 1929.

Cobham, C. D.: Laws and Regulations Affecting Waqf Property. — Nicosia 1929.

Constantinides, G.: Family Property and Housing. — Housing Review Nicosia 1971, S. 16—28.

Couppis, T. A.: Village Fuel Areas in Cyprus. — Empire Forestry Review 28. 1949, S. 25—32.

Cyprus Chamber of Commerce and Industry (Hrsg.): Directory. A Guide to Commerce, Industry, Tourism and Agriculture. — o. O. 1967.

Cyprus Council on Nature Conservation: Nature Conservation in Cyprus. — Nicosia 1969.

Cyprus Land Utilization Committee: Report of the Land Utilization Committee 1946. — Nicosia 1946.

Cyprus Study of Tourist Development. — Nicosia 1962.

Demetriades, Kyriacos: Physiographic and Agricultural Regions of Cyprus. — Nicosia 1968.

Demetriades, Kyriacos: Conservation and Development: Planning for Tourism in the Karpass, Cyprus. — Diss. Nottingham 1971.

Desmond, G. M.: Financing Housing in Cyprus. Report of U. N. Technical Assistance Mission. — Vervielfält. Manuskript. Nicosia 1971.

Dobell, W. M.: Division over Cyprus. — International Affairs 22. 1967, S. 278—292.

Doxiadis Associates: Future Development of Tourism in Cyprus. — o. O. 1968.

Ellis, W. M.: Prospects of Improving and Extending Irrigation Works in Cyprus. — Nicosia 1922.

Engel, W. H.: Die Insel Cypern, eine Landeskunde. — München 1903.

Eppler, Erhard: Wenig Zeit für die Dritte Welt. 3. Aufl. — Stuttgart 1971.

Esmer, Ahmet Sükrü: Cyprus Past and Present. — Turkish Yearbook of International Relations 3. 1962, S. 35—46.

FAO — Land and Water Development Division: Cyprus — Irrigation in Cyprus — Report to the Government. — o. O. 1967 (UNDP Report TA No. 2401).

FAO — Rural Institutions Division: Cyprus — Agricultural Research Institute, Nicosia — Final Report. — o. O. 1968 (UNDP/SF Report 57 /CYP/ 1).

FAO — World Food Programme: Cyprus — Promotion of Mixed Farming in Dryland Areas — Interim Evaluation Report. — o. O. 1969 (Intergovernmental Comm. of the World Food Progr. 15th Session Rome, 5—13, 5, 1969).

Fernau, F. W.: Turcs et Grecs à Chypre. — Orient 27. 1963, S. 7—27.

Finkel, Hermann I.: Research in Soils and Water Use. Final Report on Mission to Agricultural Research Institute Cyprus. — Nicosia 1966 (FAO).

Fisher, S.: Ottoman Landlaws Containing the Ottoman Land Code and Later Legislation Affecting Land with Notes and Appendix of Cyprus Laws and Rules Relating to Land. — Oxford 1919.

Flinn, W. H.: Cyprus. A Brief Survey of its History and Development. — Nicosia 1924.

Frangou, Andreas: Zypern und seine wirtschaftliche Zukunft. Entwicklungsmöglichkeiten für ein kleines Land. — Diss. Köln 1960.

Gaudry, Albert: Recherches Scientifiques en Orient. Entreprises par les Ordres du Gouvernement pendant les anneés 1853—1854. Partie Agricole. — Paris 1855.

George, Vic u. Geoffrey Millerson: The Cypriot Community in London. — Race. The Journal of the Institute of Race Relations 8. 1967, S. 277—292.

Georgiades, Constantine: Village Plan of Anayia (Cyprus). A Study in Rural Improvement and Consolidation of Holdings. — Nicosia 1953.

Georgiades, Lefkos P.: Some Notes on the Cyprus Economy. — Nicosia 1953.

Gerini, V.: L'importanza dell' agrumicoltura nell' economia cipriota. Seconda parte. — Rivista di Agricoltura Subtropicale e Tropicale 66. 1972, S. 263—273.

Golany, Gideon: Regional Planning and Development in Developing Countries with Emphasis on Asia and The Middle East. — Monticello/Ill. 1968 (Council of Planning, Librarians Exchange Bibliography 43).

Government of Cyprus: A-Ten-Year Programme of Development for Cyprus 1946. — Nicosia 1946.

Government of Cyprus: The Proceedings of a Conference on Land Use in a Mediterranean Environment. Held in Nicosia, Cyprus 16th—17th April, 1946. — Nicosia 1947.

Government of Cyprus: Census of Population and Agriculture 1946. Tables. — London 1949.

Government of Cyprus: Vital and Migration Statistics 1958. — Nicosia 1959.

Government of Cyprus: Cyprus. Report for the Year 1959. — London 1961.

Gürsoy, Cevat: The Geographical Position of Cyprus. — Cultura Turcica 2. 1965, S. 192—198.

Hald, Marjorie W.: A Study of the Cyprus Economy. — Nicosia 1968.

Hassabis, K. C.: Problems in Planning an Irrigation Project in Cyprus. — Nicosia 1966.

Heinritz, Günter: Wirtschafts- und sozialgeographische Wandlungen des Fremdenverkehrs in Zypern. — Erdkunde 46. 1972, S. 266—278.

Heinritz, Günter: Geographical Aspects of Development of Tourism in Cyprus. — Geographical Chronicles (Nicosia) 2. 1973, S. 69—75.

Henderson, Celia: Cyprus. The Country and its People. — London 1968.

Hierodiakonu, Leontios: The Cyprus Question. — Diss. Uppsala 1970.

Hirst, H. et A. Panaretos: The Citrus Industry in Cyprus. — World Crops 10. 1958, S. 180—182.

Hirst, H.: Land Use Projects in Cyprus. — Tropical Agriculture 37. 1960, S. 177—184.

Hookway, R. I. S.: Environmental Conservation in Cyprus. A Report to the Government of Cyprus. — o. O. 1968.

Jewish Agency for Palestine Economic Research Institute: Statistical Handbook of Middle Eastern Countries. Palestine, Cyprus, Egypt, Iraq, The Lebanon, Syria, Transjordan, Turkey. 2. Aufl. — Jerusalem 1945.

Jones, D. K. and L. F. H. Merton: Report on Pasture Research, Survey and Development in Cyprus. — London 1958.

Karouzis, George: Land Tenure in Cyprus. — Nicosia 1966.

Karouzis, George: Report on Aspects of Land Tenure in Cyprus. — Nicosia 1970.
Karouzis, George: Time Wasted and Distance Travelled by the Average Cypriot Farmer in order to Visit his Scattered and Fragmented Agricultural Holding. — Geographical Chronicles 1. 1971, H. 1, S. 39—58 (zitiert als: 1971 a).
Karouzis, George: Χαρτογράφησις χρήσεως γῆς. Geographical Chronicles 1. 1971, H. 2, S. 3—18 (zitiert als: 1971 b).
Karouzis, George: Land Tenure in Cyprus. A Powerful Typological Criterion. — Geographical Chronicles 1. 1971, H. 2, S. 88—95 (zitiert als: 1971 c).
Karouzis, George and G. Kamilari: ʿΗ διακατοχή τῆς γῆς εἰς Κύπρον. — Nicosia 1972.
Karouzis, George and Andreas Cl. Sophocleous: Cyprus Geographical Bibliography. — Nicosia 1972.
Kienitz, Friedrich-Karl: Die neue Republik Cypern. Tatsachen und Probleme. — Hamburg 1960 (Schriften d. Hamburgischen Welt-Wirtschafts-Archiv. Reihe B).
Kirsten, Ernst: Cypern — Dauer im Wechsel. — Die Karawane 4. 1962/63, S. 29—45.
Koenig, Joseph: Cypern heute — Probleme und Aufgaben eines jungen Staates. — Die Karawane 4. 1962/63, S. 45—53.
Kolb, Albert: Die Entwicklungsländer im Blickfeld der Geographie. — Verhandlungen des 33. Deutschen Geographentages Köln 1961. Wiesbaden 1962. S. 55—72.
Kolodny, Emile: Une communauté insulaire en Méditerranée orientale: Les Turcs de Chypre. — Revue de Géographie de Lyon 46. 1971, S. 5—56.
Konteatis, C. A. C.: The Water Resources of Cyprus. Their Conservation and Development. — Nicosia 1967.
Konteatis, C. A. C.: Annual Report of the Department of Water Development for the Year 1971. — Nicosia 1972.
Kopp, Gabriele: Der Agrumenanbau in Zypern. Dargestellt am Vergleich der wichtigsten Anbaugebiete (Famagusta, Limassol, Morphou). — Staatsexamensarbeit Erlangen 1973.
Kramm, H. J.: Zypern — eine ökonomisch-geographische Skizze. — Geographische Berichte 42. 1967, H. 1, S. 1—17.
Lanitis, N. C.: Rural Indebtedness and Agricultural Co-operation in Cyprus. — Limassol 1944.
Littlejohn, L. J. S.: Some Aspects of Soil Fertility in Cyprus. — Empire Jour. of Exper. Agriculture 14. 1946, No. 55, S. 123—134.
Loizides, P. A.: Die Entwicklungsmöglichkeiten der Landwirtschaft Zyperns. — Westdeutsche Wirtschaft 12. 1961, H. 3/4, S. 12—16.
Loizos, Peter: Social Organization and Political Change in a Cypriot Village. — Diss. London 1972.
Loustaunau, Cherie: Basic Data on the Economy of Cyprus. — Washington 1968 (U. S. Bureau of International Commerce Overseas Business Reports 68—91).
Lukach, Harry Charles and Douglas James Jardine: The Handbook of Cyprus. 7. Aufl. — London 1913.
Luke, Sir Harry: The Enchanted and Disenchanted Island (Cyprus). — The Geographical Magazine 37. 1964, No. 1, S. 37—49.
Mangoian, L. and H. A. Mangoian (Hrsg.): The Island of Cyprus. An Illustrated Guide and Handbook. — Nicosia 1947.

Mas Latrie, L. de: L'île de Chypre.. Sa situation présente. — Paris 1879.

Melamid, Alexander: The Geographical Distribution of Communities in Cyprus. — Geographical Review 46. 1956, S. 355—374.

Meyer, A. J.: Cyprus: The "copra-boat" Economy. — Middle East Journal 13. 1959, S. 249—261.

Meyer, A. J. et Simos Vassiliou: The Economy of Cyprus. — Cambridge 1962 (Harvard Middle East Stud. No. 6).

Michadides, Rogiros Chr.: The Choice of Crops to be Grown on Lands Irrigated from the Dams. — Nicosia o. J.

Michadides, Rogiros Chr.: Recent Trends of Agricultural Production and Productivity in Cyprus. — Nicosia 1970.

Milinussic, B. M.: Cyprus — Construction of Dams and Studies of Irrigation Schemes — Report to the Government. — Rom 1970 (UNDP/TA Report No. 2883).

Mutscher, H.: Entwicklungsmöglichkeiten des Mineraldüngerbedarfs der Landwirtschaft der Republik Zypern. — Beiträge zur tropischen und subtropischen Landwirtschaft und Tropenveterinärmedizin 7. 1969, S. 41—54.

Nicols, E. H.: Memorandum of Summer Evaporation in Cyprus. — Cairo Scientific Journal 6. 1912, S. 32—34.

Nieuwenhuijze, C. A. O. van (Hrsg.): Emigration and Agriculture in the Mediterranean Basin. — Den Haag 1972.

Nolzen, Heinz: Hydrologische Probleme der Agrumenkulturen auf Cypern. — Freiburger Geographische Mitteilungen 1972, H. 1, S. 43—62.

Numez, Richard, J.: Law and Development. The Water Laws of Cyprus. — Nicosia 1970.

Oberhummer, Eugen: Die Insel Cypern. Eine Landeskunde auf historischer Grundlage. — München 1903.

Panagides, Stahis: An Econometric Study of the Cyprus Economy. — Diss. Iowa State Univ. 1967.

Panagides, Stahis: Manufacturing Development in a Small Country Economy: the Case of Cyprus. — Social and Economic Studies 16. 1967, S. 390—405.

Papachristodoulou, Stelios: Norm Input- Output Data of the Main Crops of Cyprus. — Nicosia 1970 (Cyprus Agricultural Research Institute. Miscellaneous Publications 7).

Papadopoulos, Theodore: Social and Historical Data on Population (1570—1881). — Nicosia 1965 (Text and Studies of the History of Cyprus 1).

Paphos Irrigation Project. Cyprus. — Feasibility Report. Vol. II. Agriculture, o. O. 1972 (FAO SF/CYP 6 — 3/LA).

Patsalides, Andreas C.: Address before the House of Representatives on the 1972 Budget, the Achievements of the Second and the Targets and Objectives of the Third Five-Year-Plan. — Nicosia 1972.

Patsalides, Andreas C.: Address before the House of Representatives on the 1973 Budget and the Third Five-Year-Plan. — Nicosia 1973.

Percival, D. A.: Some Features of a Peasant Population in the Middle East. Drawn from the Results of the Census of Cyprus. — Population Studies London 3. 1949, S. 192—204.

Peristiany, Jchn George: Honour and Shame in a Cypriot Highland Village. — In: Honour and Shame, Hrsg.: J. G. Peristiany. London 1965, S. 171—190.

P e r i s t i a n y , John George: Introduction to a Cyprus Highland Village. — In: Contributions to Mediterranean Sociology. Acts of the Mediterranean Sociological Conference, Athen July 1963, Hrsg.: J. G. Peristiany. Paris 1968. S. 75—91.

P h o t i a d e s , Th. and D. K. J o n e s: A Study of the Administration of Public and Common Grazing Land in Cyprus. — Nicosia 1958.

P h o t i a d e s , Th.: Contributions towards a Development Plan for Increase of Forage and Pasture Development in Cyprus. — Nicosia 1960.

R e a b u r n , C.: Water Supply in Cyprus. 2. Aufl. — Nicosia 1945.

Republic of Cyprus. Department of Town Planning and Housing: Report and Brief Feasibility Study on an Application by "Cytechno Ltd" for the Establishment of a New Asbestos Mine at Troodos. — Nicosia 1969.

Republic of Cyprus. Department of Town Planning and Housing: Town and Country Planning for Cyprus, Bd. 1—6. — Nicosia 1970.

Republic of Cyprus. Department of Town Planning and Housing: Housing in Cyprus. — Nicosia 1970.

Republic of Cyprus. Department of Town Planning and Housing: Current Trends and Policies in the Fields of Housing, Building and Planning. — Nicosia 1971.

Republic of Cyprus. Land Consolidation Authority: Cyprus Bibliography on Land Tenure and Settlement. — Nicosia 1972.

Republic of Cyprus. Ministry of Agriculture and Natural Resources: Irrigation Policy in Cyprus. — Nicosia 1971.

Republic of Cyprus. Ministry of Agriculture and Natural Resources: Dry Farming Project. — Nicosia 1970—1972 (Agroeconomic Survey, Bd. 1—6).

Republic of Cyprus. Ministry of Agriculture and Natural Resources: Rural Planning in Cyprus. — Nicosia 1973.

Republic of Cyprus. Ministry of Labour and Social Insurance: Second Island-Wide Manpower Survey of Non-Agricultural Establishments Employing 10 ore more Persons. — Nicosia 1967 (Manpower Research Series No. VII (3)).

Republic of Cyprus. Ministry of Labour and Social Insurance (Labour Research and Statistics Section): Review of Labour Market Developments during the year 1969. — Nicosia 1970 (Manpower Research Studies No. V (b) 5).

Republic of Cyprus. Ministry of Labour and Social Insurance: Report on the Unemployment Situation at 31st July 1971. — Nicosia 1972 (Manpower Research (Revised) Series No. VI (59)).

Republic of Cyprus. Planning Bureau: The Protection and Conservation of Coastal Landscapes in Cyprus. A Report to the European Committee for the Conservation of Nature and Natural Resources. — o. O. 1967.

Republic of Cyprus. Planning Bureau: The Second Five-Year-Plan (1967—1971). — Nicosia o. J.

Republic of Cyprus. Planning Bureau: The Third Fife-Year-Plan (1972—1976). — Nicosia o. J.

Republic of Cyprus. Statistics and Research Department: Census of Population and Agriculture 1960. — Nicosia 1963.

Republic of Cyprus. Statistics and Research Department: Construction and Ownership of Dwellings. Survey 1966. — Nicosia 1967.

Republic of Cyprus. Statistics and Research Department: Household Expenditure Survey 1966 (Pilot Study). — Nicosia 1967.

Republic of Cyprus. Statistics and Research Department: Registration of Orchards. Dezember 1966. — Nicosia 1969.

Republic of Cyprus. Statistics and Research Department: Construction and Housing Report 1970. — Nicosia 1971.

Republic of Cyprus. Statistics and Research Department: Statistical Abstract 1970 No. 16. — Nicosia 1971.

Republic of Cyprus. Statistics and Research Department: Economic Report 1970. — Nicosia 1971.

Republic of Cyprus. Statistics and Research Department: Household Survey 1971, Bd. 1—3. — Nicosia 1972.

Republic of Cyprus. Statistics and Research Department: Economic Report 1971. — Nicosia 1972.

Republic of Cyprus. Statistics and Research Department: Agricultural Survey. January—June 1970. — Nicosia 1971.

Republic of Cyprus. Statistics and Research Department: Agricultural Survey. January—June 1972. — Nicosia 1973.

Republic of Cyprus. Statistics and Research Department: Agricultural Survey 1972. — Nicosia 1973.

Ricci, C.: Il ruolo dell' irrigazione nell' agricoltura dell' isola di Cipro. — Humus 17. 1961, S. 19—25.

Richter, Magda: Griechische Sitten und Gebräuche auf Cypern mit Berücksichtigung von Naturkunde und Volkswirtschaft sowie der Fortschritte unter englischer Herrschaft. — Berlin 1913.

Riedl, Helmut: Bericht über eine Studienfahrt nach Zypern 1961. — Mitteilungen der Österreichischen Geographischen Gesellschaft 103. 1961, S. 310—316.

Riedl, Helmut: Die Physiognomie des Marathasatales — ein Beitrag zur Höhengliederung der Nordseite des Troodosmassivs in Zypern. — Geographischer Jahresbericht aus Österreich 29. 1961/62, S. 154—165.

Riedl, Helmut: Beiträge zur Wirtschaftsgeographie Zyperns. — Zeitschrift für Wirtschaftsgeographie. Angewandte- und Sozialgeographie 7. 1963, S. 39—42.

Schmidt, Wilhelm F.: Zur Morphologie und Landschaft von Cypern. — Petermanns Geographische Mitteilungen 100. 1956, S. 268—277.

Schmidt, Wilhelm F.: Zur Morphologie und Landschaft von Cypern. — Petermanns pern. — Geographische Rundschau 15. 1963, S. 496—504.

Seager, M. B.: Final Report on Vakoufs of Cyprus. — Reports on the Evkaf Properties, Cyprus. London 1883.

Seligman, Adrian: The Turkish People of Cyprus. — London 1956.

Shioshilos, Cosmas Nicola: The Post-War-Economic Development of Cyprus 1946—1962. — M. A. Diss. New York University 1962.

Simkins, C. A., E. H. Hartmans and C. G. Soteriades: Agro-Climatic Zoning — a Tool for Agricultural Development in Cyprus. — Méditerranea 3/4. 1964, S. 244—250.

Simpson, S. R.: A Report on the Tenure and Registration of Land in Cyprus. — Nicosia o. J.

Stampolis, E. Anthony: The Social Economic Development in Cyprus. — Nicosia 1963.

Statistisches Bundesamt, Wiesbaden (Hrsg.): Zypern. — Stuttgart/Mainz 1968 (Allgemeine Statistik des Auslandes. Länderkurzberichte).

Steers, J.: Protection of Coastal Areas: Cyprus Council of Europe. — o. O. 1969.

Stylianou, J. u. P. I. Orphanos: Irrigation of Shamouti Oranges with Saline Water. — Nicosia 1970 (Cyprus Agricultural Research Institute, Technical Bulletin 6).

Surridge, B. J.: A Survey of Rural Life in Cyprus. — Nicosia 1930.

Survey of Groundwater and Mineral Resources Cyprus. — New York 1970 (DP/SF/UN/50 — Technical Report).

Taeuber, Irene B.: Cyprus. The Demography of a Strategic Island. — Population Index 21. 1955, S. 4—20.

Taylor, B. K.: Three Community Studies in Cyprus. — Nicosia 1970.

Thorp, Willard L.: Cyprus — Suggestions for a Development Programme. (Prepared for the Government of the Republic of Cypern. Appointed under the United Nations Programme of Technical Assistance). — New York 1961 (U. N. Publication Sales No. 61 II H 1).

Thoumin, R.: Géographie humaine de la Syrie centrale. — Tours 1936.

Tofallis, Kypros: A Short Political Geography of Cyprus. — London 1967.

Tornaritis, Criton G.: Expropriation and Nationalization of Private Property under the Law of the Republic of Cyprus. — Nicosia 1970.

Toufexis, Nicos Chr.: Some Notes on the Behaviour of the Water Table in the Marin Groundwater Producing Areas of Cyprus. — Nicosia 1966.

Toufexis, Nicos Chr., Chr. Phanartzis and J. Jacovides: Hydrological Year-Book of Cyprus 1970—1971. — Nicosia 1973 (Rep. of Cyprus. Dept. of Water Development. Report 15).

Trietsch, Davis: Cypern. Eine Darstellung seiner Landesverhältnisse, besonders in politischer und wirtschaftlicher Beziehung. — Frankfurt/Main 1911 (Angewandte Geographie Serie IV, H. 1).

Troll, Carl: Die räumliche Differenzierung der Entwicklungsländer in ihrer Bedeutung für die Entwicklungshilfe. — Wiesbaden 1966 (Erdkundliches Wissen 13).

Uhlig, Christian: Das Problem der Social Costs in der Entwicklungspolitik. Eine theoretische und empirische Analyse. — Stuttgart 1966 (Ökonomische Studien 11).

Vassiliou, Nicos: Agricultural Crops; Trends in Value and Volume of Production Area and Yields of all Crops 1960—66 and Projection for 1971. — Nicosia 1967.

Vaumas, Etienne de: La Répartition de la Population à Chypre et le Nouvel État Chypriote. — Revue de Géographie Alpine 47. 1959, S. 457—530.

Velde, A. van der u. M. Chimonidou (Hrsg.): Land Tenure, Production-Structures, Farm Management. — o. O. 1971.

Ward, Ivan Lee: Irrigation in Cyprus. June 1954. — London 1955.

Webster, A. B.: An Assessment of the Prospects for Increasing Production of Vegetables, Fruit and other Horticultural Crops in Cyprus. — Nicosia 1967 (Cyprus Agricultural Research Institute, Miscellaneous Publications 4).

Wilhelmy, Herbert: Cypern-Bildnis einer jungen Inselrepublik. — Die Karawane 4. 1962/63, S. 7—18.

Williams, Maynard Owen: Unspoiled Cyprus. — The National Geographic Magazine 46. 1928, S. 1—55.

Wirth, Eugen: Zur Sozialgeographie der Religionsgemeinschaften im Orient. — Erdkunde 19. 1965, S. 265—284.

Wirth, Eugen: Über die Bedeutung von Geographie und Landeskenntnis bei der Vorbereitung wirtschaftlicher Entscheidungen und bei langfristigen Planungen in Entwicklungsländern. — Angewandte Geographie. Nürnberger Wirtschafts- und Sozialgeographische Arbeiten 5. 1966, S. 77—83.

Yiassemides, Petros and Harald Kunert: Aspects of the Agricultural Economy of Cyprus 1950—1965. — Nicosia 1967 (Cyprus Agricultural Research Institute. Miscellaneous Publications 3).

Yiassemides, P. M. and S. Papachristodoulou: Norm Input-Output Data of the Main Pome and Stone Fruit Trees and Bananas of Cyprus. — Nicosia 1968 (Cyprus Agricultural Research Institute. Miscellaneous Publications 6).

Zaken, D. van der: Report to the Government of Cyprus on Land Consolidation. — Rom 1963 (FAO-Report 1617).

Die Aufnahmen zu den folgenden Bildern 1 bis 16 stammen vom Verfasser.

Bild 1. Flur von Akrounda. Die auf den Feldern stehenden Johannisbrot- und Ölbäume gehören in der Regel nicht dem Besitzer des Feldes (Dual ownership). (25. 2. 1973)

Bild 2. Bauer beim Pflügen seines Weinfeldes in der Pitsilia. Eine mechanisierte Bewirtschaftung bringt angesichts der Hangneigung keine Vorteile. (1. 4. 1972)

Bild 3. Umfangreiche Brachflächen bei Troumbi, Distrikt Paphos. Die Neuanlage eines kleinen Staubeckens hat in den unteren Hanglagen zur Umwandlung früherer Weinfelder in Obstanlagen geführt. (13. 3. 1973)

Bild 4. Letzte Ölbäume in „dual ownership" auf der Terrasse des Serrakhis in der Gemarkung von Masari, die im übrigen ganz von jungen Zitrusanlagen eingenommen wird. (31. 3. 1973)

Bild 5. Junge Agrumen bei Masari. Bezeichnend ist, daß von der Möglichkeit, zwischen den jungen Bäumen zusätzlich eine andere Frucht anzubauen, nicht Gebrauch gemacht wird. (31. 3. 1973)

Bild 6. Das Leitungsrohr führt Bewässerungswasser zu einer Zitrusneuanlage, die durch Anfuhr von Feinmaterial auf der bis dahin ackerbaulich kaum zu nutzenden Kafkalla ermöglicht wurde. (31. 3. 1973)

Bild 7. Neu gebautes Wohnhaus eines Traktorbesitzers in Morphou. Die zusätzlichen Einkünfte aus dem Zitrusanbau ermöglichen auch Arbeiterfamilien einen erstaunlich hohen Lebensstandard. (25. 3. 1973)

Bild 8. Ferienhaussiedlung „Ambelia Village" bei Bellapais an der Nordküste. (30. 3. 1972)

Bild 9. Fast der gesamte Nordhang des Pentedaktylos-Gebirges muß als potentielle „tourist-area" gelten. Nur an wenigen Stellen ist allerdings die Bebauung des Hanges schon so weit fortgeschritten wie bei Orga. (27. 3. 1972)

Bild 10. Neue Hotel- und Appartement-Hochhäuser am Strand von Famagusta. Da die Grundstücke nach laufenden Metern Strandlänge verkauft werden, sind die Gebäude oft nur sehr schmal. Im Vordergrund — zum Teil bereits aufgegebene — Zitrusanlagen. (8. 10. 1971)

Bild 11. Rücksichtslos verdrängen in den strandnahen Teilen von Famagusta 8- bis 10geschossige Hochbauten einen älteren Baubestand. (17. 2. 1973)

Bild 12. Straßenbau zur Umwandlung einer bisher landwirtschaftlich genutzten Fläche in ca. 20 Bauplätze. Die Straßenbreite steht dabei in keinem rechten Verhältnis zu dem zu erwartenden Verkehr. (15. 2. 1973)

Bild 13. Blick auf ein seit 1940 in Bebauung befindliches Neubaugebiet in Nicosia. Trotz zentrumsnaher Lage finden sich noch viele Baulücken. (15. 3. 1973)

Bild 14. Häufig findet sich — wie hier in Nicosia — ein Nebeneinander von Bauten sehr unterschiedlicher Qualität. Die soziale Entmischung schreitet infolge des Vorherrschens des Einfamilienhauses nur sehr langsam voran. (15. 3. 1973)

Bild 15. Hohe Grundstückspreise machen es vielen Familien schwer, der traditionellen Verpflichtung nachzukommen, die Töchter mit einem Haus als Mitgift auszustatten. Die Aufstockung des eigenen Hauses ist eine Möglichkeit, das Dilemma zu lösen. (15. 3. 1973)

Bild 16. Wo weder ein Neubau noch eine Aufstockung des eigenen Hauses in Frage kommen, überlassen Eltern nicht selten der Tochter bei der Heirat ihr eigenes Haus und ziehen in die ehemalige Garage, die zur Notwohnung umgebaut wird. (15. 3. 1973)

Sonderabdrucke aus den
Mitteilungen der Fränkischen Geographischen Gesellschaft

Erlanger Geographische Arbeiten

Herausgegeben vom Vorstand der Fränkischen Geographischen Gesellschaft

Heft 1. *Thauer, Walter:* Morphologische Studien im Frankenwald und Frankenwaldvorland. 1954. IV. 232 S., 10 Ktn., 11 Abb., 7 Bilder u. 10 Tab. im Text, 3 Ktn. u. 18 Profildarst. als Beilage.
ISBN 3 920405 00 5   kart. DM 19,—

Heft 2. *Gruber, Herbert:* Schwabach und sein Kreis in wirtschaftsgeographischer Betrachtung. 1955. IV, 134 S., 9 Ktn., 1 Abb., 1 Tab.
ISBN 3 920405 01 3   kart. DM 11,—

Heft 3. *Thauer, Walter:* Die asymmetrischen Täler als Phänomen periglazialer Abtragungsvorgänge, erläutert an Beispielen aus der mittleren Oberpfalz. 1955. IV, 39 S., 5 Ktn., 3 Abb. 7 Bilder.
ISBN 3 920405 02 1   kart. DM 5,—

Heft 4. *Höhl, Gudrun:* Bamberg — Eine geographische Studie der Stadt. 1957. IV, 16 S., 1 Farbtafel, 28 Bilder, 1 Kt., 1 Stadtplan. — *Hofmann, Michel:* Bambergs baukunstgeschichtliche Prägung. 1957. 16 S.
ISBN 3 920405 03 X   kart. DM 8,—

Heft 5. *Rauch, Paul:* Eine geographisch-statistische Erhebungsmethode, ihre Theorie und Bedeutung. 1957. IV, 52 S., 1 Abb., 1 Bild u. 7 Tab. im Text, 2 Tab. im Anhang.
ISBN 3 920405 04 8   kart. DM 5,—

Heft 6. *Bauer, Herbert F.:* Die Bienenzucht in Bayern als geographisches Problem. 1958. IV, 214 S., 16 Ktn., 5 Abb., 2 Farbbilder, 19 Bilder u. 23 Tab. im Text, 1 Kartenbeilage.
ISBN 3 920405 05 6   kart. DM 19,—

Heft 7. *Müssenberger, Irmgard:* Das Knoblauchsland, Nürnbergs Gemüseanbaugebiet. 1959. IV, 40 S., 3 Ktn., 2 Farbbilder, 10 Bilder u. 6 Tab. im Text, 1 farb. Kartenbeilage.
ISBN 3 920405 06 4   kart. DM 9,—

Heft 8. *Burkhart, Herbert:* Zur Verbreitung des Blockbaues im außeralpinen Süddeutschland. 1959. IV, 14 S., 6 Ktn., 2 Abb., 5 Bilder.
ISBN 3 920405 07 2   kart. DM 3,—

Heft 9. *Weber, Arnim:* Geographie des Fremdenverkehrs im Fichtelgebirge und Frankenwald. 1959. IV, 76 S., 6 Ktn., 4 Abb., 17 Tab.
ISBN 3 920405 08 0   kart. DM 8,—

Heft 10. *Reinel, Helmut:* Die Zugbahnen der Hochdruckgebiete über Europa als klimatologisches Problem. 1960. IV, 74 S., 37 Ktn., 6 Abb., 4 Tab.
ISBN 3 920405 09 9   kart. DM 10,—

Heft 11. *Zenneck, Wolfgang:* Der Veldensteiner Forst. Eine forstgeographische Untersuchung. 1960. IV, 62 S., 1 Kt., 4 Farbbilder u. 23 Bilder im Text, 1 Diagrammtafel, 5 Ktn., davon 2 farbig, als Beilage.
ISBN 3 920405 10 2   kart. DM 19,—

Heft 12. *Berninger, Otto:* Martin Behaim. Zur 500. Wiederkehr seines Geburtstages am 6. Oktober 1459. 1960. IV, 12 S.
ISBN 3 920405 11 0   kart. DM 3,—

Heft 13. *Blüthgen, Joachim:* Erlangen. Das geographische Gesicht einer expansiven Mittelstadt. 1961. IV, 48 S., 1 Kt., 1 Abb., 6 Farbbilder, 34 Bilder u. 7 Tab. im Text, 6 Ktn. u. 1 Stadtplan als Beilage.
ISBN 3 920405 12 9   kart. DM 13,—

Heft 14. *Nährlich, Werner:* Stadtgeographie von Coburg. Raumbeziehung und Gefügewandlung der fränkisch-thüringischen Grenzstadt. 1961. IV, 133 S., 19 Ktn., 2 Abb., 20 Bilder u. zahlreiche Tab. im Text, 5 Kartenbeilagen.
ISBN 3 920405 13 7   kart. DM 21,—

Heft 15. *Fiegl, Hans:* Schneefall und winterliche Straßenglätte in Nordbayern als witterungsklimatologisches und verkehrsgeographisches Problem. 1963. IV, 52 S., 24 Ktn., 1 Abb., 4 Bilder, 7 Tab.
ISBN 3 920405 14 5   kart. DM 6,—

Heft 16. *Bauer, Rudolf:* Der Wandel der Bedeutung der Verkehrsmittel im nordbayerischen Raum. 1963. IV, 191 S., 11 Ktn., 18 Tab.
ISBN 3 920405 15 3   kart. DM 18,—

Heft 17. *Hölcke, Theodor:* Die Temperaturverhältnisse von Nürnberg 1879 bis 1958. 1963. IV, 21 S., 18 Abb. im Text, 1 Tabellenanhang u. 1 Diagrammtafel als Beilage.
ISBN 3 920405 16 1   kart. DM 4,—

Heft 18. Festschrift für Otto Berninger.
Inhalt: Erwin Scheu: Grußwort. – Joachim Blüthgen: Otto Berninger zum 65. Geburtstag am 30. Juli 1963. – Theodor Hurtig: Das Land zwischen Weichsel und Memel, Erinnerungen und neue Erkenntnisse. – Väinö Auer: Die geographischen Gebiete der Moore Feuerlands. – Helmuth Fuckner: Riviera und Côte d'Azur – mittelmeerische Küstenlandschaft zwischen Arno und Rhone. – Rudolf Käubler: Ein Beitrag zum Rundlingsproblem aus dem Tepler Hochland. – Horst Mensching: Die südtunesische Schichtstufenlandschaft als Lebensraum. – Erich Otremba: Die venezolanischen Anden im System der südamerikanischen Cordillere und in ihrer Bedeutung für Venezuela. – Pierre Pédelaborde: Le Climat de la Méditerranée Occidentale. – Hans-Günther Sternberg: Der Ostrand der Nordskanden, Untersuchungen zwischen Pite- und Torne älv. – Eugen Wirth: Zum Problem der Nord-Süd-Gegensätze in Europa. – Hans Fehn: Siedlungsrückgang in den Hochlagen des Oberpfälzer und Bayerischen Waldes. – Konrad Gauckler: Beiträge zur Zoogeographie Frankens. Die Verbreitung montaner, mediterraner und lusitanischer Tiere in nordbayerischen Landschaften. – Helmtraut Hendinger: Der Steigerwald in forstgeographischer Sicht. – Gudrun Höhl: Die Siegritz-Voigendorfer Kuppenlandschaft. – Wilhelm Müller: Die Rhätsiedlungen am Nordostrand der Fränkischen Alb. – Erich Mulzer: Geographische Gedanken zur mittelalterlichen Entwicklung Nürnbergs. – Theodor Rettelbach: Mönau und Mark, Probleme eines Forstamtes im Erlanger Raum. – Walter Alexander Schnitzer: Zum Problem der Dolomitsandbildung auf der südlichen Frankenalb. – Heinrich Vollrath: Die Morphologie der Itzaue als Ausdruck hydro- und sedimentologischen Geschehens. – Ludwig Bauer: Philosophische Begründung und humanistischer Bildungsauftrag des Erdkundeunterrichts, insbesondere auf der Oberstufe der Gymnasien. – Walter Kucher: Zum afrikanischen Sprichwort. – Otto Leischner: Die biologische Raumdichte. – Friedrich Linnenberg: Eduard Pechuel-Loesche als Naturbeobachter.

1963. IV, 358 S., 35 Ktn., 17 Abb., 4 Farbtafeln, 21 Bilder, zahlreiche Tabellen.
ISBN 3 920405 17 X   kart. DM 36,—

Heft 19. *Hölcke, Theodor:* Die Niederschlagsverhältnisse in Nürnberg 1879 bis 1960. 1965. 90 S., 15 Abb. u. 51 Tab. im Text, 15 Tab. im Anhang.
ISBN 3 920405 18 8   kart. DM 13,—

Heft 20. *Weber, Jost:* Siedlungen im Albvorland von Nürnberg. Ein siedlungsgeographischer Beitrag zur Orts- und Flurformengenese. 1965. 128 S., 9 Ktn., 3 Abb. u. 2 Tab. im Text, 6 Kartenbeilagen.
ISBN 3 920405 19 6   kart. DM 19,—

Heft 21. *Wiegel, Johannes M.:* Kulturgeographie des Lamer Winkels im Bayerischen Wald. 1965. 132 S., 9 Ktn., 7 Bilder, 5 Fig. u. 20 Tab. im Text, 4 farb. Kartenbeilagen.
ISBN 3 920405 20 X   kart. DM 16,—

Heft 22. *Lehmann, Herbert:* Formen landschaftlicher Raumerfahrung im Spiegel der bildenden Kunst. 1968. 55 S., mit 25 Bildtafeln.
ISBN 3 920405 21 8   kart. DM 10,—

Heft 23. *Gad, Günter:* Büros im Stadtzentrum von Nürnberg. Ein Beitrag zur City-Forschung. 1968. 213 S., mit 38 Kartenskizzen u. Kartogrammen, 11 Fig. u. 14 Tab. im Text, 5 Kartenbeilagen.
ISBN 3 920405 22 6   kart. DM 24,—

Heft 24. *Troll, Carl:* Fritz Jaeger. Ein Forscherleben. Mit e. Verzeichnis d. wiss. Veröffentlichungen von Fritz Jaeger, zsgest. von Friedrich Linnenberg. 1969. 50 S., mit 1 Portr.
ISBN 3 920405 23 4   kart. DM 7,—

Heft 25. *Müller-Hohenstein, Klaus:* Die Wälder der Toskana. Ökologische Grundlagen, Verbreitung, Zusammensetzung und Nutzung. 1969. 139 S., mit 30 Kartenskizzen u. Fig., 16 Bildern, 1 farb. Kartenbeil., 1 Tab.-Heft u. 1 Profiltafel als Beilage.
ISBN 3 920405 24 2   kart. DM 22,—

Heft 26. *Dettmann, Klaus:* Damaskus. Eine orientalische Stadt zwischen Tradition und Moderne. 1969. 133 S., mit 27 Kartenskizzen u. Fig., 20 Bildern u. 3 Kartenbeilagen, davon 1 farbig.
ISBN 3 920405 25 0   kart. DM 23,—

Heft 27. *Ruppert, Helmut:* Beirut. Eine westlich geprägte Stadt des Orients. 1969. 148 S., mit 15 Kartenskizzen u. Fig., 16 Bildern u. 1 farb. Kartenbeilage.
ISBN 3 920405 26 9   kart. DM 25,—

Heft 28. *Weisel, Hans:* Die Bewaldung der nördlichen Frankenalb. Ihre Veränderungen seit der Mitte des 19. Jahrhunderts. 1971. 72 S., mit 15 Kartenskizzen u. Fig., 5 Bildern u. 3 Kartenbeilagen, davon 1 farbig.
ISBN 3 920405 27 7   kart. DM 16,—

Heft 29. *Heinritz, Günter:* Die „Baiersdorfer" Krenhausierer. Eine sozialgeographische Untersuchung. 1971. 84 S., mit 6 Kartenskizzen u. Fig. u. 1 Kartenbeilage.
ISBN 3 920405 28 5   kart. DM 15,—

Heft 30. *Heller, Hartmut:* Die Peuplierungspolitik der Reichsritterschaft als sozialgeographischer Faktor im Steigerwald. 1971. 120 S., mit 15 Kartenskizzen u. Fig. u. 1 Kartenbeilage.
ISBN 3 920405 29 3   kart. DM 17,—

Heft 31. *Mulzer, Erich:* Der Wiederaufbau der Altstadt von Nürnberg 1945 bis 1970. 1972. 231 S., mit 13 Kartenskizzen u. Fig., 129 Bildern u. 24 farb. Kartenbeilagen.
ISBN 3 920405 30 7   kart. DM 39,—

Heft 32. *Schnelle, Fritz:* Die Vegetationszeit von Waldbäumen in deutschen Mittelgebirgen. Ihre Klimaabhängigkeit und räumliche Differenzierung. 1973. 35 S., mit 1 Kartenskizze u. 2 Profiltafeln als Beilage.
ISBN 3 920405 31 5   kart. DM 9,—

Heft 33. *Kopp, Horst:* Städte im östlichen iranischen Kaspitiefland. Ein Beitrag zur Kenntnis der jüngeren Entwicklung orientalischer Mittel- und Kleinstädte. 1973. 169 S., mit 30 Kartenskizzen, 20 Bildern und 3 Kartenbeilagen, davon 1 farbig.
ISBN 3 920405 32 3   kart. DM 28,—

Sonderbände

Im Gegensatz zu den vorstehenden Heften der Erlanger Geographischen Arbeiten ist der Inhalt der Sonderbände nicht in den Mitteilungen der Fränkischen Geographischen Gesellschaft erschienen.

Sonderband 1. *Kühne, Ingo:* Die Gebirgsentvölkerung im nördlichen und mittleren Apennin in der Zeit nach dem Zweiten Weltkrieg. Unter besonderer Berücksichtigung des gruppenspezifischen Wanderungsverhaltens. 1974. 296 S., mit 16 Karten, 3 schematischen Darstellungen, 17 Bildern und 21 Kartenbeilagen, davon 1 farbig.
ISBN 3 920405 33 1   kart. DM 82,—

Sonderband 2. *Heinritz, Günter:* Grundbesitzstruktur und Bodenmarkt in Zypern. Eine sozialgeographische Untersuchung junger Entwicklungsprozesse. 1975. 142 S., mit 25 Karten, davon 10 farbig, 1 schematischen Darstellung, 16 Bildern und 2 Kartenbeilagen.
ISBN 3 920405 34 X

Sonderband 3. *Spieker, Ute:* Libanesische Kleinstädte. Zentralörtliche Einrichtungen und ihre Inanspruchnahme in einem orientalischen Agrarraum.
ISBN 3 920405 35 8

Selbstverlag der Fränkischen Geographischen Gesellschaft
in Kommission bei Palm & Enke, D - 852 Erlangen, Postfach 2140